The Cost of Education Reform 教育改革代价论

梦山书系

教育改革代价论
The Cost of Education Reform

朱丽 著

海峡出版发行集团 | 福建教育出版社

梦 山 书 系

"梦山"位于福州城西,与西湖书院、林则徐读书处"桂斋"连襟相依,梦山沉稳、西湖灵动、桂斋儒雅。梦山集山水之气韵,得人文之雅操。福建教育出版社正坐落于西湖之畔、梦山之下,集五十余年梓行之内蕴,以"立足教育、服务社会、开智启蒙、惠泽生命"为宗旨,将教育类读物出版作为肩上重任之一,教育类读物自具一格,理论读物品韵秀出,教师专业成长读物春风化雨。

"梦"是理想、是希望,所谓"梦想成真";"山"是丰碑,是名山事业。"积土成山,风雨兴焉",我们希望通过点点滴滴的辛勤积累,能矗起教育的高山;希望有志于教育的专家、学者能鼓荡起教育改革的风雨。

"梦山书系"力图集教育研究之菁华,成就教育的名山事业之梦。

目 录

绪论　教育改革代价：问题与思路 …………………………………… 1

第一章　教育改革代价的界说 ………………………………………… 16
　　第一节　教育改革代价是什么 \ 19
　　第二节　教育改革代价合理性与不合理性的划分 \ 41
　　第三节　教育改革代价的表现 \ 53

第二章　教育改革代价的根源 ………………………………………… 63
　　第一节　必然性代价及其根源分析 \ 66
　　第二节　或然性代价及其根源分析 \ 82

第三章　教育改革代价的防范与规避 ………………………………… 102
　　第一节　教育改革的风险防范与管理 \ 102

第二节　教育改革主体的责任意识 \ 127

第四章　教育改革代价的调控 ·················· 147
　　　第一节　教育改革代价调控的必要性 \ 147
　　　第二节　教育改革代价调控的实质 \ 160
　　　第三节　教育改革代价调控的手段 \ 164
　　　第四节　教育改革代价调控的基本原则 \ 167

结语　树立正确的教育改革代价观 ················ 178

参考文献 ································ 181

绪论 教育改革代价：问题与思路

> 习惯性的思维，以及背后的创造历史的冲动，都是可以进行质疑与追问的："改革"——"为什么改革？要改革什么？谁来改革或者谁被改革？如何改革？谁从改革中受益，谁从改革中受损？"在"改革"的背后隐藏着什么？是不是只要是改革，就一定具有正面价值？在设想其可能有的正面价值的时候，要不要同时想到可能产生的负面作用，从而采取必要的防范性措施？能不能按照自己的主观意志，不计后果地、满怀信心地一路"凯歌行进"？"改革就是一切"真的是"硬道理"吗？[①]
>
> ——钱理群

从中外教育史来看，毫无疑问，教育改革是一种常态（stable state），改革往往被看作是教育发展的一个必然途径。改革的一个基本假设是，改革前的某些状况是不好的，是存在问题的，通过改革可以使不好的状况完善，从而达到发展的目的。当然，这只是一个原因。更重要的原因在于，教育承载

---

① 钱理群：《中国大学的问题与改革》，载刘琅、桂苓主编：《大学的精神》，中国友谊出版公司2004年版，第241页。

着培养人的重任,"人兴则国旺"。当社会出现一定的问题时,统治者们往往将视角转向教育改革,企图通过改革教育来培养社会所需要的人才,以祈求自己的统治能长治久安。不仅是统治者,一些教育家同样将教育当作改革社会的重要手段,甚至认为社会所出现的某些问题本身就是不合理的教育制度所造成,希望通过改革教育来革除社会弊端。例如,赫尔巴特反对通过暴力革命来粉碎封建等级制度的枷锁,希望通过社会变革来实现,而社会变革的杠杆则是教育。在他看来,通过教育可以培养德行,传递文化,从而形成人人讲道德的理想社会。相比于其他手段,教育更有希望实现社会的道德进步,乃至社会的进步。[1] 这样,教育改革蕴含着使教育朝好的方向发展之意,从而被赋予了达成"革故鼎新"之美好理想的使命。但是历史表明,进行教育改革并不意味着找到了医治教育问题乃至社会问题的"良方妙药"。改革既有可能带来好的结果,也可能产生一些意想不到的"副作用"。更遑论历史上还有那些本身就违背了社会发展、人的发展和教育自身规律的所谓的"教育改革"。人的行动往往具有双重效应,正如德国学者赫费所言,"行为一般不仅导致后果,而且也引起附带后果"[2]。恩格斯在《费尔巴哈和德国古典哲学的终结》中也说过:"行动的目的是预期的,但是行动实际产生的结果并不是预期的,或者这种结果起初似乎还和预期的目的相符合,而到了最后却完全不是预期的结果。"但对于教育改革,有些人往往只乐意看到令人欣喜的成绩,不愿去面对失败,对所付出的代价视而不见或无动于衷。列宁说过:"用善良的词句来掩饰不愉快的现实……是最有害最危险的事情。不管现实如何令人痛心,必须正视现实。不合这一条件的政策是自取灭亡的政策。"[3] 教育改革

---

[1] 李其龙:《赫尔巴特文集·前言》,浙江教育出版社2002年版,第10页。

[2] [德]奥特弗利德·赫费著,邓安庆、朱更生译:《作为现代化之代价的道德》,上海世纪出版集团2005年版,第17页。

[3] 列宁:《用善良的词句掩盖为帝国主义辩护的行为》,《列宁全集》第24卷,人民出版社1957年版,第309页。

不只是一个技术上的和理论上的问题,它更是一个实践问题,肩负着促进人和社会发展的使命,这是教育的伦理性质决定的,因而教育改革也是一个伦理问题。揭露教育改革所产生的代价,并非仅仅旨在"揭短",更期望从中吸取教训,让以后的改革之路变得平坦些。

一、问题的缘起

(一)与"代价"相遇:新一轮基础教育课程改革的触动

2001年新一轮基础教育课程改革在全国范围内开始实施,在新课改推进的过程中,问题似乎层出不穷,既有显性的,也有潜在的,而教育理论界对本轮课程改革的反思、批判、辩难,从改革实施之初即已开始。高潮肇始于2004年以"钟王之争"[①]为中心而形成的一系列论争。也就在此时,课程改革的"代价"问题也进入到一些论者的研究视野,他们借用相关学科对代价的研究成果,来研究课程改革的代价问题。从代价的角度反思课程改革未尝不是一个新视角。课程改革会有代价吗?其代价产生的根源是什么?它的代价与其他学科中所研究的代价相比有无特殊之处?如果有,它的特殊性是什么呢?由于代价具有严重的滞后性和相对性,对尚在进行中的课程改革进行代价判定难免过于武断。因此,将思考的立足点放在历史上已经进行了的教育改革上,应该能寻找到一些共性的、也许是更有价值的东西。

从现有的研究来看,对代价问题的研究主要集中在社会学、哲学(特别是价值哲学)等领域。但是,社会学、哲学对代价的研究是否就能代替教育学对代价的研究呢?显然不能。社会学、哲学、教育学的研究领域有交叉,又各有其独自的研究领域。学科之间相互借鉴是必要的,但是借鉴是否有限

---

① 2004年,北京师范大学王策三先生发表了《认真对待"轻视知识"的思潮——再评由"应试教育"向素质教育转轨提法的讨论》,载《北京大学教育评论》,2004(3)。随后,华东师范大学钟启泉教授等人发表了《发霉的奶酪——〈认真对待"轻视知识"的思潮〉读后感》,载《全球教育展望》,2004(10)。

度,其限度又在哪里?如何让那些借鉴来的话语适切于教育学呢?这些都是我们必须思考的问题。有论者认为,"教育学是一门整合之学、综合之学,是'人学'体系中的皇冠之学","换而言之,教育学是各种人学的会饮之处"。① 这是对教育学的高度赞誉,也是期许,而不是教育学研究随意简单移植、演绎的"托辞",否则教育学是难以获得其他学科的认可和尊重的,更何况担当如此殊荣!

"一切有组织的人类活动,一切集体的努力,一切意识形态的动员,都会产生一种所谓的'反常效果',即与当事人的愿望背道而驰的结果。不应把'反常效果'归咎于社会上层的强者和下层的煽动分子这类不知是什么样的邪恶势力,而应看成是人类相互依赖关系促成的必然结果"。② 从历史与现实来看,作为一项探索性活动的教育改革也总是在产生一些违反人的意愿的"反常效果"。"反常效果"内在于教育改革。我们不仅要承认这一点,还需要做进一步的努力,即澄清教育改革中的代价本质,找寻降低甚至消除教育改革代价的路径,这是每一位关注教育实践的理论工作者的责任所在。既要借鉴其他学科的理论与方法来研究教育改革中的代价问题,又要从教育学的立场出发,探寻教育改革中代价的特殊之处。

"代价研究实质上是考察问题的一种新视角、新方法。它对于习惯了'报喜不报忧'、'见好不见坏'这种社会心理的中国人应该说有特殊重要的价值和意义"。③ 现实的教育改革仍在进行当中,对教育改革代价的理论研究应该有所进展,以便指导教育改革,使之更有效率、更有成效。教育改革无疑需要理论的指导,如果缺少必要的理论指导,则会处于观望、等待甚至盲动、不知所措的状态。这是我们不希望看到的。

---

① 李政涛:《教育生活中的表演》,华东师范大学2003届博士学位论文,第2页。
② [法]米歇尔·克罗齐埃著,程小林等译:《论法国变革之路——法令改变不了社会》,上海译文出版社1986年版,第7页。
③ 李钢:《社会转型代价论》,山西教育出版社1999年版,第260页。

(二) 反观历史：从代价的角度重新审视教育的发展

如果将考察问题的视角从现实转向历史，同样可以发现，教育的改革与发展总是伴随着不断付出的代价，教育发展的历程并非一帆风顺。

在人类漫长的发展历史中，人们对社会发展的决定因素的认识经历了从外在因素（如上帝）到人自身的转变。中世纪以后，人们相信人类的命运以及文明的进步和发展并非掌握在上帝手中，而是掌握在人自己手中。由此带来了一个问题，人们相信通过理性认识，人类文明就会不断地发展和进步，人类生活在地球上将不再是悲惨地忍受疾病、战争和其他灾难。因为随着理性思维的提高，人类控制环境的能力将会得到提高，生活质量将会改善。社会变革意味着"进步与发展"的可能，社会变革被赋予了理想化色彩。于是，"变革成了所企求的而不是可怕的东西"[①]。但是从整个人类发展的历史来看，发展并非一条直线，而是一条迂回的曲线，挫折、失败与成功如影相随，可以说，发展的同时总是在不断付出代价。诚如马克思所言，"数千年的文明制度的建立，是以原始平等的丧失和纯朴道德的失落为代价的"，"文明每前进一步，不平等也同时前进一步"。[②]

社会发展如此，教育发展亦然。无论从历史来看，还是从世界范围来看，教育的发展总是通过不断的改革来推进，可以说教育发展的历史就是一部教育改革史，但同时我们又要看到教育改革的历史又是不断付出代价的历史。

教育是社会的一个子系统，在社会发生变革时，往往会自觉地或被迫地进行改革以适应社会的变革与发展。教育改革作为社会改革的一部分，为本民族和国家的发展作出了一定的贡献。在历史上，不乏通过教育改革强国富民的例子。如法兰西帝国的教育改革为它成为19世纪初的军事和经济大国奠定了基础；德国的"洪堡改革"使它继英、法之后，能够在19世纪中叶登上

---

① [瑞典] 法格林达、[奥] 沙哈：《教育与社会变革》，载瞿葆奎主编，陈桂生等选编：《教育与社会发展》，人民教育出版社1989年版，第591页。
② 《马克思恩格斯全集》第3卷，人民出版社1972年版，第179页。

世界经济、科技的霸主地位；日本"明治维新"时期的教育改革，促使它在20世纪初，成为亚洲的军事和经济巨人；美国自19世纪末以来不断进行的教育改革，保证了它能长期称雄于世界。①

但是，是否所有的教育改革结果都是积极的、有益的、正向的呢？回答常常是否定的。法国学者黎成魁1981年总结性地指出，教育变革的结果可能是"正向的"（教育之改进），也可能是"逆向的"（教育之退步）。② 从变革的历史与现实来看，也的确如此。教育改革并非只有净收益，而无需付出任何代价。历史已经证明了这一点，如美国进步主义教育改革在改革传统教育弊端的同时，也付出了一定的代价，例如，导致美国教育质量下滑，破坏了传统的社会文化稳定性，受到永恒主义者和要素主义者的指责。日本明治维新以后制定了快速赶超近代化的计划，教育改革无疑也带有了"赶超型"的特性。从欧美引入的近代学校制度使日本的教育取得了极大的成功，但至近代结束，这种改革所产生的病理症状也凸显出来，如划一化弊病以及后来产生的考试竞争激烈化、逃学、学校暴力、青少年不良行为等"教育荒废"现象。

在我国，自建国特别是在改革开放以来的三十多年里，教育处在不断的改革之中，但是客观地看，教育改革的代价问题也已经凸显。如1985年的《关于教育体制改革的决定》提出"基础教育由地方负责、分级管理的原则"，这无疑是符合当时社会发展的，是"发展我国教育事业、改革我国教育体制的基础一环"。但是，由于各地方经济的差异，其导致的后果是教育失去了以往的稳定性，也扩大了学校与学校之间、地方与地方之间的差距。而重点学校制度产生的代价更是明显，它可以看作是"择校热"难以冷却的"祸源"之一，人为地造成了学生之间就学条件乃至升学、就业方面的发展机会不平

---

① 吴忠魁、张俊洪：《教育变革的理论模式》，四川教育出版社1988年版，序言第3页。

② 王万俊：《略析教育变革理论中的变革、改革、革新和革命四概念》，载《教育理论与实践》，1998（1）。

等,同样也影响了非重点学校的发展,拉大了学校之间的差异,强化了教育不公平,这些都是重点学校制度产生的代价。

发展是必要的,只是我们在追求必要的发展的同时,是否也要考虑发展的合理性问题呢?探寻教育"如何"求得发展是必要的,但是追问"为什么"这类具有价值含义的问题,即诸如"什么样的发展是合理的"这类问题,同样也是必要的。总之,不管我们是否承认教育改革的代价,它都是客观存在的。

(三)多与少的反差:教育改革代价研究的现状

从已有的文献来看,冠以"教育改革(教育变革)"(或学校变革、课程改革等)字样的文献可谓汗牛充栋,不计其数。要一一列出这些文献已无可能,只能对这些浩繁的教育改革(教育变革)文献进行分类,以了解他人的研究点所在,寻找拓展的可能空间。已有的教育改革研究文献基本上可以分为以下几类:

1. 教育改革基本理论研究。在教育理论界,对教育改革的理论研究已经发展成为了一门学科,即"教育改革论"。论者们将教育改革论看作是新兴的专门研究教育改革的一门学问或学科。如袁振国的《教育改革论》,从理论形态、思想体系上去讨论研究教育改革的目的、动因、条件、过程、模式、策略、方法等等,试图建立教育改革的一般理论框架和理论模型,探讨教育改革的一般规律和特征,由此而构建教育改革论。王宗敏和张武升的《教育改革论》对教育改革的本质、教育改革与其他社会改革的关系、教育改革的模式与战略等进行了研究。吴忠魁和张俊洪的《教育变革的理论模式》,对指导教育变革的几种理论模式进行了探讨。加拿大学者迈克尔·富兰的《教育变革》三部曲,对教育改革问题进行了多角度、全方位的深层次研究,尤其对教育变革的动力、变革的复杂性以及变革的内在机制等问题进行了系统阐述。

2. 教育改革实践研究。这类研究包括两类:一是以一个国家的教育改革实践为主的研究。这类研究主要是回顾与反思某一国的教育改革实践,如 Da-

vid Tyack 和 Larry Cuban 的《Tinkering toward utopia》[①],对美国近百年来的公立学校变革进行了研究。日本学者藤田英典的《走出教育改革的误区》以及香山健一的《为了自由的教育改革》则是对日本历史上的三次大的教育改革进行反思。二是分析不同时期不同国家的教育改革实践,如陆有铨教授的《躁动的百年——20 世纪的教育历程》,对 20 世纪不同时期、不同国家的教育改革进行了研究。这类研究包括描述性研究和解释性研究,有的侧重于对各种改革现象、过程、结果等的描述,有的则侧重于解释改革产生的原因及背景,揭示教育改革模式、策略等,有的二者兼顾。

3. 从不同的视角来审视教育改革。这类文献着重从某一个视角来审视教育改革。一是文化的视角,这一类论著近年来逐渐增多,许多论者发现教育改革的有效实施不可能脱离一个国家的文化与传统。如胡定荣的《课程改革的文化研究》,作者认为文化的变迁、冲突既是课程改革的一个动因,文化的反思、批判和整合又是课程改革政策调整变化的重要依据,忽视文化的影响以及错误的文化政策则是导致课程改革失败的重要因素。二是经济的视角。如靳希斌的《市场经济大潮下的教育改革》,从市场经济的角度对市场经济背景下的教育理论变革、教育体制改革、高等教育改革、职业技术教育、基础教育等方面进行了探讨。S·鲍尔斯(S. Bowles)和 H·金蒂斯(H. Gintis)的《美国:经济生活与教育改革》,对资本主义经济结构与学校教育之间的"对应"关系进行考察,如 19 世纪免费公立学校运动对应于刚刚萌芽的工厂制度、进步主义教育运动与过渡时期的公司资本主义的发展相伴、高等教育改革对应于白领阶层的无产阶级化,揭示了三次主要教育改革运动失败的原因以及教育变革的真正动因。三是理性的视角。郑新蓉的《现代教育改革理性批判》以理性为切入点和分析工具,对我国近百年来的教育改革进行了回

---

① David Tyac & Larry Cuban. 1999. *Tinkering toward utopia*. Harvard College Press.

顾与反思，认为我国近百年的教育改革历程是一个从最初的理性缺乏到理性逐渐增强的历史发展过程。四是方法论的视角。杨小微教授在其《转型与变革——中小学改革与发展的方法论》中，从方法论的视角来反思社会转型时期的学校变革，认为学校变革的思维方式经历了三次重要的转换：从二元对立思维转向过程连续性思维，从线性思维转向系统思维，从化约的、预设式的思维转向多元复杂的、生成式的思维。

4. 不同层面的教育改革研究。这一类的文献比较多，主要分为三个层面：宏观层面的教育变革，包括教育政策、教育体制等的变革研究；中观层面的学校变革，这类研究是最近几年的一个热点；微观层面的课堂教学变革，如教学方式、学习方式、师生关系等的变革。

5. 教育改革文件资料汇编。这一类文献属于资料性的参考文献，称不上严格意义上的研究，如统计年鉴、白皮书、文献选编等。

此外，还有散见在一些教育史著作中的教育改革研究。因此，从已有研究来看，教育理论界对教育改革的研究已经相当丰富，但从代价的角度来对教育改革进行研究的文献却微乎其微。[①] 教育改革代价的已有研究主要是国内的研究。从著作来看，李承先所著的《高等教育发展代价论》[②] 解读与分析了高等教育发展的代价产生的根源、类型、规避与补偿等，并对高等教育六大宏观发展模式的代价进行了分析。娄立志所著的《社会转型与教育代价》[③] 诠释社会转型期我国教育的主导价值，以及选择这种主导价值所应承受的教育代价。从期刊来看，已有研究主要集中在以下几个问题：①教育改革代价的

[①] 余秀兰：《教育改革的代价》，载《教育发展研究》，2000（10）；戴双翔：《当前基础教育改革的代价观》，载《校长阅刊》，2005（6）；张济洲：《课程改革的代价意识》，载《上海教育科研》，2005（8）；孙天华、张济洲：《课程改革的代价意识》，载《中小学教师培训》，2006（3）；孙天华、张济洲：《课程改革的代价论思考》，载《内蒙古师范大学学报》（教育科学版），2006（4）。

[②] 李承先：《高等教育发展代价论》，学林出版社2009年版。

[③] 娄立志：《社会转型与教育代价》，中国社会科学出版社2012年版。

界定。教育改革的代价就是为达到教育改革的目标所消耗的物质、精力，或做出的牺牲。②教育改革所付出的具体代价。例如，在追求效率的过程中，引发了公平的问题；在追求数量的过程中，忽视了质量的问题；在追求现代化的过程中，丢失了一些传统的精神。① 在改革进程中某些改革者的权力意志、傲慢的"改革意识形态"导致改革严重缺乏科学性、延续性，致使种种"改革工程"变成了"豆腐渣工程"；形式主义的改革方式，导致改革变成当权者玩"政治秀"、"政绩工程"、"面子工程"的道具，全国上下劳民伤财而实效寥寥；特别是在改革的微观层面，如当前高考中农村考生付出的代价过于沉重，城市基础学校的"教育霸权"对农民工子女造成的极大不公等等。②课程改革的"重文轻理"导致中国这个五千年的文明古国在现代科技上落后，以至于令历史知识分子在探索中国现代化出路方面时时感到步履维艰；同样，"重理轻文"也引起了被中国这个文明古国所引以为自豪的"礼"的崩溃，出现了所谓物质至上、消费至上和拜金主义的"道德滑坡"的弊端。③ ③代价的合理性与不合理性。衡量教育改革代价合理性的标准，"是否必要"、"是否可行"、"是否有利"、"是否公正"。④教育改革代价产生的原因。有论者认为教育改革代价具有必然性，主要是因为以下几个原因：首先，改革必须耗费一定的人力、财力、物力，即必须付出一定的成本，该成本就是一种代价；其次，改革是以"新"模式取代"旧"模式，但这种新模式也存在着不足，而旧模式也不全无合理之处，以新换旧是以牺牲旧模式中好的东西为代价的；再次，人们主观认识的失误和决策的失误。⑤代价不合理的后果，导致人们对改革的不支持，可能引起矛盾冲突，影响社会稳定。⑥降低代价的措施，主要有：改革措施出台前，必须充分估计和预见各种代价，并考虑诸种后果之净值，只有创价大于代价时，改革措施才是合理的；区分改革的受益群体

---

① 余秀兰：《教育改革的代价》，载《教育发展研究》，2000（10）。
② 戴双翔：《当前基础教育改革的代价观》，载《校长阅刊》，2005（6）。
③ 娄立志：《社会转型与教育代价》，中国社会科学出版社2012年版。

和非受益群体，关注弱势群体的利益；如果某种教育改革是必然要进行的，代价的付出也是不可避免的，政府应该采取事后补偿措施，进行必要的补偿。还有论者提出以下措施：增进改革决策的科学性，包括预测代价，权衡代价与收益之间的比值关系；广泛调查与科学论证；决策从经验走向科学；改革先试点，后铺开。教育改革代价的补偿（对社会弱势群体提供各种社会福利、社会保险以及带有福利性质的公共服务和补贴等）。要树立正确的改革代价意识，认为只有从代价的角度去审视课程改革，才会减少阵痛和挫折，保障课程改革健康发展。

国外的研究中只搜索到一篇直接的文献，"The Toll For Curriculum Reform"①。在文中，作者谈到了课程设计与实践的现状为什么难以改变的几个原因，其一是以教学内容（subject matter）为中心的课程设计，其二是教育系统内外维护这一课程设计的力量，如教材以及教辅资料，教师职前教育等。在以教学内容为中心的课程设计之外，还有两种可供选择的设计模式：以问题解决或社会为中心的课程设计，个人的或以学生为中心的课程设计。作者认为，在大多数课程改革中，从以学科为中心的课程设计实践到结合其他课程设计模式的过程中，会付出代价。但文中并未阐明什么是代价，课程改革会付出什么样的代价，并没有围绕代价作出一系列相关的探讨。

从已有研究来看，对教育改革代价的研究尚存在着一些问题：①对教育改革代价的特殊性认识不够。从对概念的界定来看，存在着对社会改革代价概念的简单移植、套用的现象。②教育改革代价的外延不清楚。教育改革代价的外延必须界定清楚，这样可以避免将不是教育改革的代价当作代价来对待，为一些人为的错误行为寻找借口。③对教育改革代价产生的原因缺乏深入分析；④对教育改革代价的合理性与不合理性缺乏深入分析；⑤提出的减

---

① M. Frances. Klein. The Toll for Curriculum Reform. *Peabody Journal of Education*, Vol 69, No. 3.

少代价的相关措施浮于表面，还需深入等等。

对教育改革的研究的"多"与对教育改革代价的研究的"少"形成了鲜明的对比。何以如此？是教育改革无代价？肯定不是，人类并非全知全能，客观地说，任何一项改革都会付出代价，只是大小与是否值得的问题。那么，教育改革代价是一个不值得研究的问题吗？应该也不是，教育改革从未停止过，如何尽量消除、减少代价，以保证教育改革取得最大的成功，这无疑具有理论与实践上的双重价值。事实上，很多论者已经意识到了这个问题，如挪威学者波尔·达林在其《教育改革的限度》里，即指出"什么样的改革才是合适的？个体对改革会有什么反应？改革需要什么资源？改革应该包括哪些人？改革的关键因素是什么？改革要付出什么代价"等问题，但他仅仅只是提到了这个问题，并未系统、深入地探讨改革的代价是什么，会有什么代价。那么，也许教育改革代价是一个不证自明的问题？应该也不是，至少我认为。如果教育改革代价不是一个问题，那么，历史的错误为什么屡屡重犯？正如古班（L. Guban）所言，"课程改革一而再，再而三的回来了（returns），新的参与者重复着失败。"[①] 代价没有给我们任何的教训与启示吗？所以，教育改革代价问题不是一个不证自明的问题，尚需作更深入的探讨。在教育改革不断进行的今天，研究教育改革的代价确是一个不可回避的问题。

二、关于"教育改革"的说明

在本书中，教育改革是一个相对比较宽泛的概念，包括所有对教育系统各方面要素进行完善、改进的活动（从改革的层次来说，既包括宏观层面的制度变革，也包括中观层面的学校改革，还包括微观层面的课堂教学改革；从改革对象的类型来说，包括高等教育、基础教育等）。就改革的实施方式而

---

① John D. McNeil. 1996. *Curriculum: A Comprehensive Introduction*. Harper Collins College Publishers. p245.

言，一般认为改革可分为自上而下的，主要是国家层面的教育改革，以及自下而上的改革，可称为草根式的改革，又可分为地方层面和学校层面的改革。

为了使本书的问题讨论起来不过于复杂，或将研究视角更集中，这里将教育改革限定在国家层面的自上而下的教育改革。本书中谈论的改革相当于英文中的"reform"，而不同于变革（change）。教育变革是教育变革理论的最基本范畴，其内涵和外延都要大于教育改革。据国际著名教育变革理论专家R.G. 哈维洛克（R.G. Havelock）教授的概括，教育变革"是教育现状所发生的任何有意义的转变"，包括有计划的教育变革和自然的教育变革。有计划的教育变革是凭借一定的方案推行的蓄意的教育变革。这样的教育变革具有明确的变革目标，而且具有一定的变革方案和变革策略。自然的教育变革是指没有专门的变革方案和没有明显蓄意性的教育变革。① 本书所指的教育改革是指有计划的教育改革。

综上言之，本书所界定的教育改革是由政府部门自上而下发动的、有计划的教育改革，包括教育革命、教育革新等。

三、研究思路

本书从代价的视角来审视教育改革，围绕"是什么"、"为什么"及"怎么办"展开论述。全书分为四章，如下：

第一章是"教育改革代价的界说"。本章主要分析了三个问题。一是对代价相关问题的梳理与说明。从介绍、梳理相关学科对代价的界定入手，对代价提出了一个操作性的定义；辨析了与代价密切相关的两个概念（成本和风险）与代价之间的关系。并在此基础上，对本书中的教育改革代价做了界定，分析了教育改革代价的一些特点，如影响面广、潜伏期长等。

---

① 王万俊：《略析教育变革理论中的变革、改革、革新、革命四概念》，载《教育理论与实践》，1998（1）。

二是代价合理与不合理的划分问题。对于教育改革而言,要对合理代价与不合理代价进行划分是一件比较困难的事情,要考虑到许多因素,如将教育改革代价置于其所发生的时空背景中进行评判,全面、综合地考虑教育改革的收益和代价以及由谁来做评判。

三是教育改革代价的表现形态。要更全面了解教育改革代价,还需要对教育改革代价的表现形态作深入的分析。可以从社会、教育和人这三个维度来考察教育改革所产生的代价。对社会而言,教育改革代价是负的社会效益;对教育自身而言,教育改革的代价是教育发展受到阻滞;对人而言,教育改革的代价是人的发展受到阻滞。

第二章是"教育改革代价的根源"。教育改革产生的代价有必然产生的代价和可避免的代价两种,对于二者所产生的根源有必要分开来论述。

必然性代价产生的根源主要是在决策阶段和实施阶段。在决策阶段,教育改革决策者的决策不可避免会受到外部因素的影响,例如政治、经济和文化。此外,还会受到决策者自身因素的影响,如决策者的有限理性。在实施阶段,由于教育改革实施过程的复杂性,如客观存在的价值冲突等,也会在某种程度上导致代价的付出。

或然性代价产生的根源同样在于两个方面,一是教育改革政策存在的问题。政策对行动具有导向作用,政策存在问题,行动难免会产生代价;二是教育改革实施过程中存在的种种问题。对于或然性代价,通过改革主体的努力是可以消除的。

第三章是"教育改革代价的防范与规避"。在代价尚未产生之前,教育改革者可以通过一定的措施将某些代价消除,将有些代价降低到最小程度。这需要教育改革主体采取有效的措施来防范和规避代价的产生。一是确立风险意识,承认教育改革会存在风险,并遵循一定的规则去管理风险。二是确立责任意识。教育改革是一项探索性的活动,是具有风险的活动。本着对人的尊重与敬畏,教育改革者必须确立一种责任意识,不仅是出于客观的职务责任，更是出于一种个人良知的道德责任，去推动教育改革。

第四章是"教育改革代价的调控"。即使采取了有效措施来防范、规避代价，但还是有些代价不可避免地会产生，这就涉及已产生代价的分配问题。教育改革代价的公正分配是维护社会公正的要求。对于教育改革中不可避免要付出的代价，教育改革者（特别是政府）应在不同的人群中依循公正原则、差别原则、应得原则和补偿原则，采取文化手段和制度手段来进行合理的分配。

第一章 教育改革代价的界说

"代价"一词源起于何时何地，不得而知。但是，不可否认的是，代价思想却有着悠久的历史。在中外历史上，尽管古今一些思想家并未明确使用过"代价"这个词，但代价作为一个问题很早就进入了他们的视野，并引发了他们的思考。如我国的老子，他是最早对社会发展的代价问题进行较为系统思考的哲学家。他提出"天下多忌讳，而民弥贫；人多利器，国家滋昏；人多伎巧，奇物滋起；法令滋彰，盗贼多有。"[①] 老子认为人类社会的文明发展付出了沉重的代价，他认为拯救的希望不在于神助，而在于重新顺应天道自然，返本复归，以原初的朴素无为为理想目标，彻底放弃一切人为提倡的智巧、利欲和道德准则。他提出："绝圣弃智，民利百倍；绝仁弃义，民复孝慈；绝巧弃利，盗贼无有。此三者以为文不足，故令有所属：见素抱朴，少私寡欲，绝学无忧。"在西方，近代法国著名的启蒙思想家卢梭关于科学进步与道德堕落之间关系的洞见，与老子的观点有着惊人的相似之处。在"艺术和科学的复兴究竟有助于敦风化俗还是有助于伤风败俗"的有奖征文中，卢梭认为，

---

① 《老子》第五十七章。

文明总是被艺术所败坏，随着生活方式变得精致文雅，真诚也就丧失了。[①] 卢梭是在近代西方社会正在蓬勃向前、人的理性和能力受到高度重视的时候，却能以启蒙理性的精神冷静地回过头去审视和批判人类历史的第一人。他的思想无疑是对时人的当头棒喝，也是充满辩证精神的历史反思。此外，从马克思、恩格斯的思想中也能看到他们对人类社会发展代价问题的思考，如马克思所认为的"物的世界的增值同人的世界的贬值成正比"，人的异化源于劳动的异化；恩格斯认为，每一种新的进步和变革都表现为对某一传统的神圣事物的亵渎，表现为对陈旧的、日渐衰亡的但为习惯所崇奉的秩序的叛逆。还有法兰克福派对技术时代人的异化的批判，雅斯贝尔斯对时代精神状况的反思等等。

但客观地说，对代价问题真正有意识的研究始自"二战"后，时间非常短暂。"二战"结束后，在广大的亚非拉地区诞生了一大批新独立的国家，面对着国内的贫困潦倒、人民生活的痛苦不堪，这些国家纷纷实施了"增长第一战略"。该战略把经济的增长作为社会发展的首要目标，在这一战略的指导下，许多发展中国家取得了经济的较大增长。但是，经济的增长并未解决原有的社会问题，甚至产生了一系列新的社会问题：社会分配不公、贫富差距扩大、社会腐败问题日益严重、环境遭到破坏等等。

历史已经证明，当发展成为一切时，必然会导致一种发展主义（developmentalism）。发展主义是一种意识形态，一种认为经济增长是社会进步的先决条件的信念。[②] 作为一种意识形态，发展主义没能反思一系列基本的问题：为什么要发展？发展是否就意味着进步？经济增长是否就等于改善人们的福利、提高人们的生活素质？在经济增长的过程中，不同群体会付出什么样的代价？这些更为基本、更为重要的问题在"发展即一切"的口号中消解了。

[①] ［美］罗兰·斯特龙伯格著，刘北成、赵国新译：《西方现代思想史》，中央编译出版社2005年版，第154页。

[②] 许宝强：《发展主义的迷思》，载《读书》，1999（7）。

但是，所幸的是，发展所带来的生态破坏、环境污染、贫富差距扩大等一系列严重问题已经引起了人们的普遍关注，毕竟我们只有一个地球。1962年卡逊的《寂静的春天》问世。该书描述了这样一幅景象：由于杀虫剂的污染，春天失去了鸟儿动听的歌声，一片落寞沉寂。它从情感上唤醒了公众对环境的关注。20世纪70年代初，罗马俱乐部发表了一份轰动世界的研究报告——《增长的极限》，着重从环境、资源和人口角度描述了发达工业化社会发展所付出的巨大社会代价。美国未来学家阿尔温·托夫勒在其《第三次浪潮》中说道："可以毫不夸张地说，从来没有任何一个文明，能够创造出这种手段，能够不仅摧毁一个城市，而且可以毁灭整个地球。从来没有整个海洋中毒的问题。由于人类贪婪或疏忽，由于人类贪婪或疏忽，整个空间突然一夜之间从地球上消失。从未有过让头发喷雾剂使臭氧消耗殆尽，还有热污染对全球气候的威胁。"[①]托夫勒在其另一本著作《未来的震荡》中用"未来的震荡"来形容社会发展速度过快所产生的社会震荡，包括文化震荡、人与人之间关系失去了稳定性、社会流动加速以致形成新的游牧民族等。

面对社会发展出现的这一系列问题，一些学者和研究机构从不同的角度对此进行研究，力图找寻解决问题的办法，以实现发展的再生之路。例如佩鲁提出的新发展观[②]，认为新的发展观是以人为中心的综合发展观，主张"整体的"、"综合的"、"内生的"发展，试图克服因片面追求经济增长率而致使人类付出的代价。托夫勒针对变化的速度过快而导致的社会不平衡，指出"必须求得某种平衡，不仅各个社会领域的变化速率要平衡，而且在环境变化速度和人们有限的适应速度之间也要保持平衡。因为未来的震荡正是由于这

---

① [美]阿尔温·托夫勒著，朱志焱等译：《第三次浪潮》，三联书店1984年版，第187页。

② [法]佩鲁著，张宁、丰子义译：《新发展观》，华夏出版社1987年版。

两者之间日趋严重的失调滞差所造成的"[1]。1980年,国际自然保护联盟在《世界自然保护大纲》中提出人类社会的可持续发展。无论是佩鲁提出的新发展观,还是托夫勒所提出的发展适应力理论,以及后来的可持续发展,都可以被认为是人们看到社会发展所付出的代价之后寻求的解决之道。

由此可见,社会发展的历史就是一部发展与代价相伴而生的历史,无代价的发展是不可能的,只有代价而无发展则是不可想象的。以历史的眼光来看教育的发展,教育的发展也伴随着或多或少的代价。教育改革作为一项改进教育现状、促进教育发展的社会实践活动,由于种种原因,无疑也会付出一定的代价。因此,正确认识与处理教育改革中发展与代价之间的关系,对教育改革代价展开研究也就具有了深刻的现实意义和理论上的紧迫性。但代价到底是什么,教育改革代价又是什么,教育改革代价相对于一般的代价有何特殊性等等,这些都是需要弄清楚的前提性问题。只有弄清楚了这些前提性的问题,才有可能达成研究中的"公度性",否则各说各话,会造成理解上的歧义。

第一节 教育改革代价是什么

一、多学科视角下的"代价"

代价在不同的语境和不同的学科中都有自己独特的内涵与外延,在这里先作一番梳理与分析。

(一)社会学视角

---

[1] [美]阿尔温·托夫勒著,任小明译:《未来的震荡》,四川人民出版社1985年版,第4页。

在社会学中，代价是指人决定其在社会生活中理性行为的个体性判断及选择标准。对代价进行社会学研究，在国内比较成体系的是郑也夫，他开了国内专门研究代价的"先河"，其著作《代价论——一个社会学的新视角》，"在力所能及的每一个方面，反反复复论证着这样的一个命题：人类的一切行为在为他带来收益的同时，也使他付出代价"。[①] 作者论述了人类种种行为、制度以及文化选择上的代价，试图从一般的意义上探讨代价的理论，即人类是否要为它的一切收获付出代价，是否存在尽善尽美的生活模式、工作方式、分配方案、安全机制以及某种主义，人类的代价应该如何评估等问题。

在郑也夫看来，代价是某种收获的代价，是相对收获而言的。他认为，应该将代价与一般的失策、错误区别开来，"不是一切错误，甚至那些一无所获的错误实践带来的损失都可以称为代价"[②]。他举了两个例子，能很好地说明什么是代价、什么不是代价，"即使在已勘探的油田上钻井，也不是每口井都能出油，所付出的努力可以看作是代价"。而"为了追求亩产万斤粮食而付出的人力财力的损失则不是正常意义上的代价"。显然，犯那些常识意义上的错误，无需经过论证即可知的错误，不能归并为代价。只有在那些探索性活动中所犯的错误才可算作是代价，否则代价就可能成为"历史上的一切罪人、一切倒行逆施者、一切不顾人类千百年实践中获取的常识而一意孤行铸成大错的暴君手中的辩辞"。

郑也夫通过将代价划定为探索性活动的损失，从而将代价与"学费"区分开了。在日常生活中，有些人往往将代价等同于学费，认为要获取一定的收益，总要缴纳一定学费。但是，我们只是在某些知识需要学习且值得学习时，才会去交学费。常识原本是人所皆知，是不需要学习的，而迷信则是不值得学习的。因此，切不可将代价论作为"学费论"的依据，为自己所犯下

---

①② 郑也夫著：《代价论——一个社会学的新视角》，三联书店1994年版，第154页。

的一切错找借口，这同样不过是庸俗的辩辞而已。

综上所述，郑也夫所认为的代价是相对收获而言的，意谓买到东西的付出，只有在获益基础上的付出才能称之为代价。这里的收获并非局限在有形的物质收获上，它同时也包括无形的收获，例如从失败中获得的经验与教训。

国内还有一些论者认为社会学中的代价是以人的选择自由为前提，用来统称人类为自己的一切收获所支出、浪费或牺牲的一切。另有一些论者提出代价是主体活动为实现社会进步所消耗的物质和精力、所做出的牺牲以及所受到的惩罚方面的总和。[1]

在国外的社会学中，尚没有研究者专门以代价为主题展开的研究，只有一些散见的论述。美国社会学家乔治·霍曼斯（George Homans）在其《社会行为：它的基本形式》中对代价下了明确的定义："为获得某种报偿而受到的惩罚或放弃掉的另一收益。"[2] 分解这一界定，我们可以发现它包含三层意思：一是为了获得某种报偿，这是前提。二是受到惩罚，即承受行动所带来的负面影响。三是放弃掉的另一收益。人们的行动总是面临着种种选择，"鱼和熊掌不可兼得"，舍弃掉的一方就作为另一方的代价了。

（二）哲学的视角

很多论者认为，代价是一个负载着价值的哲学概念，理所当然应归属到哲学领域。具体来说，又可分属于不同的哲学分支学科，主要有：价值哲学和社会历史哲学。

1. 价值哲学。

这种观点认为代价就是"替代的价值"，与价值有关，毫无疑问属于价值

---

[1] 周显信：《目标与代价——当代中国现代化的发展逻辑》，人民出版社2003年版，第31页。

[2] George Homans, Social Behavior: Its Elementary Forms, New York, 1961, p52~82. 转引自郑也夫著：《代价论——一个社会学的新视角》，三联书店1994年版，第3页。

哲学研究的范畴。这里有狭义和广义之分：狭义论者普遍认为，代价是与社会发展的价值取向直接相关的概念，是指人类为社会进步所作出的牺牲、付出，以及为实现这种进步所承担的消极后果，简言之，代价就是指发展的负面效应。广义论者认为，代价是指人类在创造价值活动中各方面所付出的统称，主要包括成本付出、人为失误的付出和价值创造活动所产生的副作用或者说消极后果这三方面的内容，概言之，该种定义认为代价既包括成本，也包括负面效应。

2. 社会历史哲学。

有论者认为，从社会历史哲学的角度定义代价范畴，可以归纳成三种情况：一是把代价看作实现社会发展所耗费的社会成本。二是把代价看作社会发展的对立面、负效应，认为代价是事物发展的矛盾或背反性质的体现，是要被发展转化或否定的价值。三是认为代价是个贯穿社会发展始终的哲学范畴，是指人类在实现社会进步（或社会发展）过程中所付出的努力和牺牲以及所造成的消极后果，它认为代价既包括成本，又包括消极后果。[1]

还有论者认为，从社会哲学的角度考察，社会代价是指人们在价值实现和价值创造的过程中，基于自身社会选择基础之上，为追求一定的价值目标而损害或牺牲的一些价值和由此造成的与社会的价值取向相悖的消极后果。主要包括四个方面的内容：首先，代价是指人们在面临的众多价值目标中，由于选择了优先发展的主导性价值目标，从而导致其他对个人或社会仍有益的价值目标被抑制、损害甚至被牺牲。其次，代价是指人们为换取新的价值目标而损害或牺牲的一些已有的价值。再次，代价是指人们所追求的价值目标在发展过程中基于其内在矛盾性和客观制约性、复杂性所导致的价值损失和消极作用。最后，代价还包括由人的错误或失误所造成的背离自身价值取

---

[1] 袁吉富：《十年来中国学术界代价理论研究概况》，载《北京行政学院学报》，2001(1)。

向的消极后果。[①]

从价值哲学和社会历史哲学来看，二者对代价界定的区别并不是很明显，都把代价看作与价值相关的概念，是与社会发展相伴随的一种现象。

（三）经济学视角

代价一词最早滥觞于经济学，是经济学的一个核心概念。经济学的一个经典假设是：在经济交往中，人们总是企图以最小的代价换取最大的利润。在经济学中，代价的内涵实质上等同于成本，成本即是指为了获得一项资产或某种服务而付出的代价。在经济学中，代价被看作是生产成本、机会成本、成本投入（消耗）和"日常消费"等。

（四）本书对"代价"的界定

从各门学科对代价内涵的分析来看，我们会发现它们之间的区别并不是很明显。它们之间存在两点共识：第一，代价内涵的核心意义是"付出"或"损失"（支出、损失、牺牲、负效应、副作用等）；第二，代价是相对于收获而言。如在社会发展哲学中，将代价看作"替代的价值"；在经济学中，以最小的代价换取最大的利润。

综合不同学科对代价的界定，可将代价看作是行为主体为了追求和实现某种目标而做出的牺牲以及承受由此过程所带来的消极后果，它表达的是一种得失关系。它主要包含两层意思：

一是对价值的否定或牺牲。代价与选择具有密切的关系。有时候为了未来的更大价值的获得，不得不以牺牲当下的价值为代价；另外，在面临着多种选择时，人们往往又会倾向于选择具有某种优先性的主导价值，而放弃其他仍然有用的价值，或者说"两利相权取其重，两害相权取其轻"。

二是所承受的消极后果。这里的消极后果包含两个方面的意思。其一是所定目标所带来的副作用。正如药片一样，它在治疗疾病的同时可能会产生

[①] 李钢：《社会转型代价论》，山西教育出版社1999年版，第59～63页。

副作用，而这副作用是我们不得不承受的代价。其二是由于受行为主体认识的局限以及客观条件的制约而产生的负面影响。

二、代价与相关概念的辨析

从不同学科对代价的界定来看，它们之间最大的争议在于代价是否包括成本。广义论者认为代价包括成本，而狭义论者认为代价不包括成本，仅指消极后果、负面效应。事实上，我们要真正理解一个概念，也必须弄清楚它与相关概念之间的联系与区别。正如布迪厄所言，"只有通过将概念纳入一个系统之中，才能界定这些概念"，[①] "概念的真正意涵来自于各种关系。只有在关系系统中，这些概念才获得了它们的意涵"。[②] 了解了代价不是什么，也许更有助于人们认识代价的本质。

（一）代价与成本

1. 关于代价与成本关系的三种观点。

代价与成本，这是经常见到并相互替代使用的两个概念，人们对二者的关系也是见仁见智。代价与成本之间的界限含混不清，更增添了对代价理解的难度。在英文语境中，代价一词用"cost"、"price"、"toll"或词组"at the expense of"表达，与成本（cost）可共用同一个单词。这也是造成二者界限模糊的一个原因。代价与成本之间到底是一种什么样的关系呢？在已有的研究中，主要存在三种不同的观点。

第一，代价与成本属于两个不同的范畴，不能混用。有些论者认为，代价与成本有关，但不同于成本，它们分属不同的理论层次。它们的不同之处主要表现在以下几个方面：①二者属于不同的研究范畴。代价是价值哲学的研究范畴，而成本则属于经济学研究的范畴，二者不能相互替代。将成本与

[①] ［法］皮埃尔·布迪厄、［美］华康德著，李猛、李康译：《实践与反思——反思社会学导引》，中央编译出版社2004年版，第132页。布迪厄又译为"布尔迪厄"。

[②] 同上，第133页。

代价作为等值的概念来使用，也只能限于经济学领域，一旦越出这一领域而上升到高层次的哲学领域，这一做法就难以继续通行。把成本与代价等价看待，这就等于把代价降低为一个经济学概念了。②从代价付出的必然性和必要性而言，代价与成本有着相通之处，这些代价一般会在其被扬弃的过程中被转移到新价值中去，而对于那些不必要的代价，则无所谓回收，而是必须避免、补偿或消除的，但作为经济学意义上的成本则是依据投入产出的经济学原理；③即使在社会发展中也需要消耗一定的成本，但是，成本与代价发生作用的方式和产生的影响也是不同的，这时，成本反映的是生产率的高低和效益的多少，它并不反映发展结果的进步与否，一旦涉及进步与否、消极与否的问题，则就进入价值哲学领域，因为这些问题的回答直接涉及"评价"、"意义"等价值关系，因而成本消耗本身不能算作代价，而成本怎样消耗，即消耗的合理与否则属于代价问题。成本作为一个经济学概念，主要讲的是合算不合算的问题，而代价作为一个价值论概念，主要讲的是合理不合理的问题。成本是一个事实问题，而代价是一个价值问题。

经济学领域的成本是可以通过货币加以量化的具体概念，人们可以用它来计算经济效益、利润和收入，而社会生活中的其他方面如情感、荣誉及尊严则是无法用成本来衡量的，这是属于代价研究的范畴，因此，代价和成本是不可能相互替代的。①

这一观点认为在经济学中，代价与成本是两个等值的概念，而一旦越出这一范围，二者必须有明确的划分。而且，这种观点认为，代价与成本属于两个不同的范畴，能够对二者的界线做出明确的区分。这一观点对代价与成本的关系的描述，可用以下表格示意：

---

① 娄立志：《教育主导价值论》，山东电子音像出版社2002年版，第157页。丰子义：《关于社会发展的代价问题》，载《哲学研究》，1995（7）。

比较维度	代价	成本
隶属的研究领域	价值哲学	经济学
与效益的关系	有些代价能换来新的价值,而有些代价则是要避免或消除的,无所谓收益	依据投入—产出原理,一般能产生收益
反映的问题	反映进步与否、消极与否	反映生产率的高低和收益的多少
涉及的问题实质	价值问题	事实问题
是否可以量化	无法衡量	可以通过货币加以量化

第二,对代价与成本的界线不作明确区分,认为二者可以替换。和成本一样,代价一词,人们也常常在经济学的意义上和范围内使用,意指获得某种东西的必要费用,对二者之间是否有区别、区别在哪里并未作明确区分。郑也夫认为,"代价"一词最先使用于人们的经济生活中,英语经济学著作中的 cost 多被译作成本,成本是一种狭义的代价,而代价则是引申意义上的成本,二者都是经济学中频繁使用的术语。不同的是经济生活中的代价和报偿是有形的,表现为金钱或物质,而社会交换中的代价和报偿在很多时间和场合中是无形的,如友情、义务、声望、权威。[①]

这一观点对代价与成本并未作明确的区分,认为二者都是经济学中的术语,这与第一种观点有相同之处,所作的发挥是将成本当作"狭义"的代价,代价则是"引申"意义上的成本。这种观念还认为经济生活中的代价(成本)是有形的,而社会交换中的代价则是无形的。当然,这种观点认为代价在经济生活和社会生活领域是否有形是有失偏颇的,这主要是对成本一词未有全面的理解,这在后面会有详细解释,这里暂且搁置。

第三,代价的外延大于成本,成本只是代价的一层意思。《汉语大词典》、《新华词典》、《古今汉语词典》等工具书,都将代价解释为:(1)购物的钱

---

① 郑也夫:《代价论——一个社会学的新视角》,三联书店1994年版,第3页。

款。(2)泛指为达到某种目的所耗费的物质、精力，或所作出的牺牲。①《韦伯斯特大辞典》(Webster's)对"cost"是这样解释的，"丢失、丧失或灾害，它们或是作为获得某种东西的必要费用，或是作为一种行动的不可避免的结果或惩罚。"无疑，成本是代价的应有之义。

现实中，持这种观点的论者不在少数。他们认为，代价包含成本，这种成本是人们为实现某种价值目标所耗费的基本支出。代价除包含成本的含义之外，还蕴涵着成本概念所不能覆盖的其他广泛内容。质言之，作为哲学范畴的代价是由不同层次的内容构成的。代价可分为成本类代价和非成本类代价：一是价值创造过程中必要的、必需的价值付出和损失，即通常讲的成本。它们一般构成新价值的基本部分。二是非成本类的价值损失，它主要表现为人们"放弃"的其他价值选择可能带给他的价值，以及人们价值活动过程中的消极后果。这种代价与成本类代价性质不同，在社会发展中的作用和意义也不相同。它不是转移到产品的价值中去，而是价值创造和实现过程中被牺牲、压抑和损失掉的价值。如果用成本来涵盖所有代价，则会引起许多歧义，无法揭示代价的本质。②也有论者认为，成本是主体在实践活动中对自己体力和脑力以及对已有实践活动成果的消耗。成本是事物发展的必要条件，它内含于事物发展过程的始终，并转化到发展成果之中，是代价的一个重要组成部分。③还有一种观点认为，代价的日常涵义本来就包括着成本这一内容，把代价上升为一个哲学范畴以后，也没有理由认为代价不包括成本。④

这一观点的核心点是：代价包含成本、成本是代价的一个重要组成部分，二者是隶属的关系。如果以一大圆表示代价，那么成本只是其中的一个小圆，

---

① 《汉语大词典》，上海辞书出版社1986年版；《新华词典》，商务印书馆2002年版；《古今汉语词典》，商务印书馆1999年版。

② 李钢：《社会转型代价论》，山西教育出版社1999年版，第64~65页。

③ 张道全：《价值矛盾与代价——略论改革代价的成因》，载《皖西学院学报》，2005(4)。

④ 袁吉富等：《社会发展的代价》，北京大学出版社2004年版，第103页。

如下图：

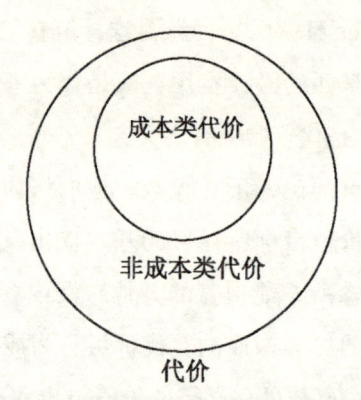

（成本类代价
非成本类代价
代价）

综上看来，论者们所持的三种观点都有其各自的理由，很难说谁对谁错，而且因为二者之间关系的复杂性，绝对地判断谁对谁错都是过于武断的。看来，代价与成本到底是一种什么样的关系，目前难以达成共识。

2. 代价与成本是两个具有公共部分的不同范畴。

现实中，人们之所以形成对代价与成本之间关系的多重认识，原因主要有两点：一是二者内涵存在的复杂性，二是二者关系的复杂性，从而难以对它们进行简单、绝对地界线划分。在经济学中，代价和成本都是频繁用到的概念，但即使在经济学中，它们的使用也是有区别的。要弄清楚代价与成本的关系，首先要厘清二者的含义。

在经济学中，成本可以分为广义的成本和狭义的成本。广义的成本概念：①美国会计学会（AAA）所属的成本概念与标准委员会于1951年在所发布的《成本概念与标准委员会报告》中，对成本的定义为："成本是指为达到特定的目的而发生或应发生的价值牺牲，它可用货币单位加以衡量。"②美国会计师协会（AICPA）于1957年在所发布的第4号会计名词公报中，对成本的定义为："成本系指为获取财货或劳务而支付的现金或转移的其他资产，发行股票，提供劳务或发生负债而以货币衡量的数额。成本可以分为未耗成本（Unexpired cost）和已耗成本（Expired cost）两部分，未耗成本可由未来的收入负担，例如存货、预付费用、厂房、投资、递延费用等，已耗成本不能由未来收入负担，故应列为当期收入的减项或借记保留盈余，如出售产品或其他资产的成本及当期费用等。"③美国著名会计学家埃尔登·亨德里克森在《会计理论》一书中，对成本的定义为："成本就是为了取得某一财产或某种服务而付出的现金或其他等支出。"狭义的成本概念是指产品生产过程中资本的耗费，如我国财政部制定的《企业会计制度》对成本所下的定义为："成本是指企业为生产产品、提供劳务而发生的各种耗费。"

成本从不同的维度分，可以分为不同的形式，如按成本负担主体可分为社会成本与个人成本；按成本表现形态可分为货币成本和非货币成本；按成本内涵可分为综合成本和单项成本；按成本形态可分为固定成本和变动成本；按成本计量可分为社会平均成本和个别成本；按成本的付出形式可分为直接成本和间接成本（即机会成本），此外，交易成本也是经济学中的重要概念。如此看来，"成本"也远非我们想象中的那么简单。从成本的种种类型来看，成本与代价在某些方面存在重叠之处，但差异性远远超过其共同之处。

第一，从总体上来说，代价与成本是有区别的，二者最根本的区别在于：代价负有价值判断，是基于事实之上的价值判断，是对行动是否值得、合理还是不合理的一种价值判断，一般是指行动所产生的消极的后果或附带后果。成本则是一个事实问题，成本只有涉及怎样消耗，即成本消耗是否合理时，才关涉代价。很简单，每天去买菜，我们不会说我们付出了代价，但是如果因为不懂行情，付出了高于菜的市场价格的成本，或者为了贪便宜买了缺斤少两的、不新鲜的菜，这时，我们才会说自己付出了代价。因此，合理的成本不是代价，代价是不必要的损失，对人们而言是消极的。

第二，代价与成本之间有重叠的部分。代价与成本二者之间的界线有时的确很难划分，这是由于二者本身具有重叠之处所造成的。成本中的间接成本或称机会成本可归为代价范畴。在日常生活中，人们总是会面临着一些不可兼得的机会，无论选择哪一个都会造成一定机会成本的丧失。因此，机会成本是在面临几种选择时，做出某一种选择之后，而不得不遭受的损失。如由于上学，不能去工作，上学给个人造成的经济损失，包括缴纳的学费和因未工作而损失的工资。在这层意义上，机会成本只表征了代价的一层内容，即物质的损失，代价还包括因做出一种选择后所付出的精神代价，如面对未来的不确定性以及选择的过程所承受的心理压力。

第三，关于是否可以量化的问题，应做具体分析。成本一般是可以用货币单位衡量的。而代价的衡量则相对较为复杂。如果付出的代价仅仅涉及一定货币的损失，则这时的代价是可以量化的。但如果涉及精神、道德、文化等层面，则难以用货币量化，更多地只能进行描述。

第四，代价包括付出和遭受结果，不仅指付出，还指消极后果、负面效应。而成本往往仅指付出，是预付资金的耗费。

综上所述，本文认为代价与成本之间存在着密切的关系，但不能将二者等而视之，而应该在具体的情境下作相应的区分。

（二）代价与风险

风险也是与代价紧密相连的一个概念。但风险与代价的关系远不如代价与成本的关系复杂，它们之间的关系似乎要明朗得多，因为它们原本就是两个有着各自内涵的概念。只是由于风险常常会产生代价，所以人们习惯将二者放在一起论述。

1. 风险是什么？

同代价一样，风险从其词源学上来看，它来源模糊，充满争议。风险（risk）一词"似乎在十七世纪才得以变为英语，它可能来源于一个西班牙的航海术语，意思是遇到危险或者是触礁"。[①] 风险概念的诞生"是随着人们意识到这一点而产生的，即未能预期的后果可能恰恰是我们自己的行动和决定造成的，而不是大自然所表现出来的神意，也不是不可言喻的上帝的意图"。

---

① ［英］安东尼·吉登斯著，田禾译：《现代性的后果》，南京：译林出版社2000年版，第27、39页。

风险有其自身的概念体系，对风险也有其专门的研究领域，这比"代价"一词要单纯得多。

风险与代价的界线明确，这并不意味着给风险下定义是一件容易的事。迄今为止，学界对风险是什么还未形成一个统一的说法。《韦伯斯特国际辞典》将风险界定为"损失、损害、不利或破坏的可能性"；在管理文献中，风险被界定为"可变性（variability）"或"不确定性"（uncertainty）；统计学、精算学、保险学等学科把风险定义为某个事件造成破坏或伤害的可能性或概率。通用的公式是风险(R)＝伤害的程度(H)＊发生的可能性(P)；以玛丽·道格拉斯（M. Douglas）等为代表的人类学者、文化学者把风险定义为一个群体对危险的认知，它是社会结构本身具有的功能，作用是辨别群体所处环境的危险性；社会学家卢曼（N. Luhmann）认为风险是一种认知或理解的形式，风险并非一直伴随着各种文化，而是具有时间规定性的概念，主要出现在20世纪晚期；乌尔里希·贝克（U. Beck）发表了一系列有关风险的研究成果，如《风险社会》(1986)、《风险时代的生态政治》(1988)、《世界风险社会》(1999)等。在这些著作中，贝克对风险以及风险社会概念进行了深入而全面的论述，他认为风险是"一种应对现代化本身诱发并带来灾难与不安全的系统方法"，"是预测和控制人类行为未来后果的现代方式"。[①]

对于风险是什么，在各学科领域尚无一个适用于他们各个领域的一致公认的定义。但从大多数风险的定义来看，它们具有两个显著的共同点：不确定性和损失。"不确定性"是与"风险"联系最紧密的概念，客观地说，风险都是来自不确定性。"不确定性是我们为成为这个世界的参与者付出的代价。我们都是这个世界的参与者，我们付出的入场费就是与某种不确定性生活在

[①] 参考杨雪冬等：《风险社会与秩序重建》，社会科学文献出版社2006年版，第15页。

一起"。① 风险的不确定包括发生与否不确定、发生的时间不确定、发生的空间不确定。事实上，风险表征的是一种可能性，或者说概率，以及人们对这种可能性的判断与认知。其次，风险是与损失相关的，并不是任何未来的不确定都是风险，只有当未来可能发生损失时，才可以称为风险。对于某一事件或某一状态的未来结果，如果能够万无一失地预测到损失的发生以及多大程度的损失发生，就不存在风险了。只有当损失的发生与否、发生时间或发生地点无法预料的时候，或者说，损失具有不确定性的时候，才有风险存在。

但是，人们通常只是从风险所带来的伤害的可能性角度来解释风险，而忽视了风险可能会带来的潜在收益。赫费认为，风险不仅包括损害，还应包括利益。他认为，风险具有或然性，是以这种或那种方式出现的损害或利益的产物。② 的确，如果风险只是带来损害，是没有人乐意去冒风险的。风险常常是以回报作为补偿的。因此，风险可能会带来积极结果，也可能带来消极结果。

2. 风险与代价的关系。

风险的出现，使人类遭受各种各样的损失，以致人们常常将风险本身作为重大代价来看待，而风险也由此获得了一种代价的规定。对于二者的关系，有论者认为，应当具体看待，简单的等同不利于代价问题的准确说明和深入研究。首先，风险的内容非常宽泛，并不是任何风险都属于代价范围。风险主要分为两大类：一类是自然风险，一类是社会风险。自然风险是由自然原因引起的，像来势凶猛难以抵御的地震、风暴、洪灾、雹灾、雪灾等自然灾害，是人们常常遇到的自然风险，这些自然风险无论给人类带来多大伤害与灾难，但因其是由纯粹的不可抗拒的自然力造成的，而不是由人的活动引起

---

① F. David Peat. 2001. *From Certainty to Uncertainty*. Washington, D. C.: Joseph Henry Press. p24.

② [德] 奥特弗利德·赫费著，邓安庆、朱更生译：《作为现代化之代价的道德》，上海世纪出版集团 2005 年版，第 65 页。

的，故不能称之为代价。但是，有些自然灾害并不完全是由自然造成的，而主要是人为造成的，像土地沙化、酸雨侵蚀、气温升高、城市地面沉降等，均不是严格意义上的"自然灾害"，而是真正的人为灾害，这样的灾害当然不能简单算作自然风险，而应属于"代价"之列，因为这样的"灾害"完全是由人自身的行为引起并对人所作的回报。因此，只有由主体活动所造成的风险，即在主体有目的的活动中新作出的与主体的价值、目的直接相关联的付出与牺牲，才是代价。纯粹的自然风险是无所谓代价的。与自然风险相反，社会风险无可置疑地属于代价范畴，因为它是主体活动的直接后果。[①]

但是，有论者对此观点所认为的"纯粹的自然风险是无所谓代价的。与自然风险相反，社会风险无可置疑地属于代价范畴，因为它是主体活动的直接后果"提出了质疑，认为无论是自然风险还是社会风险都不能直接等同于代价，只有当这些风险给人类社会的进步和发展带来现实的破坏、损失或负作用时，它们才能称为代价。代价是一种现实的牺牲、损失，强调的是"现实性"，而风险是一种潜在的危险，强调其"可能性"或"不确定性"。[②] 这种观点是合理的，我们不会把实际上没有产生的消极后果称之为代价，不管是显性代价还是隐性代价，都是发生了的。因此，风险充其量只能算是代价产生的原因之一，不能把未产生任何消极后果的风险称之为代价。

由上可以得出代价与风险的三点关系：①风险只是导致代价付出的"可能"，但不是现实的代价。②代价主要是指消极的附带后果，而风险不仅包括损害，也包括利益。风险是主体对事物发展趋势的把握和预测，它蕴涵了主体的价值取向和要求，反映了事物发展的矛盾性和复杂性，而代价只是这种矛盾性发展的可能性结果之一。如果风险的发生概率最终为零，没有产生任何后果，则无代价。③只有人为的风险才能产生代价。代价是人为因素造成

---

① 丰子义：《关于社会发展的代价问题》，载《哲学研究》，1995（7）。

② 张道全：《当代中国改革的代价研究》，南京师范大学2005届博士学位论文电子版，第20页。

的。自然风险无论是否会给人类带来灾害都不能转化为代价,代价与人类的活动有关。④风险与代价都具有中介性。人们为什么愿意去冒风险?只是因为一种行动,例如投资,具有带来收益的可能性,而这种收益是人们所欲的,虽然存在失败的可能,但收益值得人们去冒险。人们为什么愿意承担某种代价,甚至甘愿付出代价?只是因为代价的付出是为了达到一个对人而言更有价值的目标。因此,风险和代价都不是人们欲求的,而是要规避、消除的,它们只是获得收益的"桥梁",都具有中介性。

三、教育改革代价的界定

前文花了大量的篇幅对代价与成本、风险做了辨析,对不同学科视野下的代价进行了梳理。之所以这样长篇累牍地介绍他人对代价的研究,一是想表明代价是一个很复杂的概念,二是想对他人的研究作一个交代,并试图在他人的研究基础上对代价进行进一步的考察。

(一)教育改革代价的内涵

前面说过,代价是指行为主体为了追求和实现某种目标而做出的牺牲以及承受由此过程所带来的消极后果。据此,本书将教育改革代价界定为:在教育改革过程中,由于种种主客观原因而导致国家、某一组织(如学校)、某一群体或个人所做出的牺牲以及承担的改革所带来的消极后果。具体来说,它包括四个方面的内容:

1. 在一定的历史时期,教育改革因选择某一目标作为改革的主导目标而导致对其他目标的压制、损害或牺牲,如教育中的公平与效率、城市与农村等;

2. 在一定的历史时期,教育改革为了追求某种新的目标而损害或牺牲仍具有价值的目标,如追求现代化而对传统进行舍弃;

3. 在实现某一目标的过程中,基于教育改革本身的复杂性以及现实条件的制约所导致的损失或消极后果;

4. 在教育改革的过程中,由于改革决策者和实施者的失误所造成的与改革目标相悖的消极后果。

其中,可将前2点所提到的代价称作"舍弃性代价",第3点所提到的代价可称作"负效应代价",第4点所提到的代价可称作"失误性代价"。[①]

值得注意的是,教育改革是基于教育问题的改革,而教育的对象是人,教育改革成效最终必然要体现在人(特别是受教育者)的身上;教育改革的目的是促进人的发展,从而促进社会的发展,因此,其最直接的受益人应是处于发展中的学生,这决定了教育改革的代价并不完全同于其他改革的代价。因此,在界定教育改革代价时,必须要认识到教育改革代价的特殊性,这也是从教育学的视角出发研究代价的价值与意义所在。

(二)教育改革代价的特点

教育改革代价的特征主要是由于教育改革所涉及的领域决定的。教育改革是社会改革的一部分,它既与一般的社会改革具有共同点,又具有自己的特点。同样,教育改革代价除具有社会改革代价的一般性特征外,还具有自身的特征。无论是制度层面的改革,还是课堂教学层面的改革,其效果最终都会体现在学生的身上。本文分析教育改革代价的特点是从学生这一特殊群体的视角出发,主要有以下几点。

1. 教育改革代价的影响面广。

教育是一个国家和民族最根本的事业,是人民群众根本利益之所在。从这一点上说,教育是一项公共事业。公共性是一种"具有广泛社会一般利害的性质",对教育进行改革涉及社会全体人民的普遍的、共同的利益。教育改革所产生的代价绝不只是影响到某一社会群体,从长远来看,会影响到社会的公共福祉。从单个学生来看,教育改革的某项措施如果损害了某一个学生

---

① 张道全:《当代中国改革的代价研究》,南京师范大学2005届博士学位论文电子版。

的利益，必然会影响学生所在家庭甚至所在社区的利益等，所以说教育改革代价的影响面是非常广的。

2. 教育改革代价的潜伏期长。

《管子·权修篇》曾云："一年之计，莫如树谷；十年之计，莫如树木；终身之计，莫如树人。一树一获者谷也，一树十获者木也，一树百获者人也。"管仲认为，为时一年的筹划，最好是生产粮食；为时十年的筹划，最好是种植树木。如果作为终身的筹划，那就莫若培养人才了。由此可见，人才的培养不是一朝一夕之事，也不是一年两年的事，而是终身之计，这也决定了学生的发展是一个长期的过程。

教育改革影响效果的长期性决定了教育改革某些措施的最终效果难以在短期内看出来，在近期内看来是代价的，将来未必是代价，而在近期内看来不是代价的或者无法看出是否是代价的，将来或许会是代价。例如，某项教育改革以应试为取向，在短期内可以看到的代价是学生的课业负担重，影响学生的身心健康。但诸如学生的社会交往能力差、处理社会问题的能力差以及某些心理问题等只能在学生进入社会之后才能看得出来。

3. 教育改革代价的持效长。

教育改革代价的持效长，确切地说是教育改革代价造成的影响持续时间比较长。这主要是源于教育对人的发展具有重要的作用，在信息时代，这种重要作用愈加明显。一个儿童在该接受教育时未接受教育，或者是未接受好的教育，可能会影响个体一生的发展，甚至是其第二代、第三代的发展。我们知道，对于相对缺乏社会资本的农村人来说，教育是他们进入城市（特别是大城市）成为市民、融入城市优势文化圈的捷径，甚或是唯一的途径。在优质教育资源普遍缺乏的农村，农村子弟通过教育进入城市所付出的努力是城市子弟的数倍，但即使是这样，能够依据自身的努力进入城市的农村子弟依然是少数。2002年，有研究者对南京大学2002级9个学院19个系进行了问卷调查。发放问卷1007份，回收有效问卷868份，回收率86.2%。部分统计结果如下表：

南京大学 2002 级部分学生户籍情况

	人数	百分比	有效百分比	累积百分比
非农户口	651	75.0	75.0	75.0
农村户口	217	25.0	25.0	100.0
合计	868	100.0	100.0	

南京大学 2002 级部分学生家庭居住地情况

	人数	百分比	有效百分比	累积百分比
城市	455	52.4	52.4	52.4
县镇	222	25.6	25.6	78.0
农村	191	22.0	22.0	100.0
合计	868	100.0	100.0	

数据来源：余秀兰著：《中国教育的城乡差异——一种文化再生产现象的分析》，教育科学出版社 2004 年版，第 213 页。

从该研究的统计数字来看，非农户口的学生在学生总数中所占比例远远高于农村户口的学生，也就是说农村户口的学生能进入大学只在少数；居住在城市的学生要多于居住在农村的学生。从现实来看，大多数农村户口的学生被高考这个"筛子"淘汰后退回到农村务农，或者进入城市打工，成为农民工。他们的子女又面临着同样一轮残酷的竞争。布迪厄将这样的循环看作是教育所发挥的再生产作用，他认为"在教育制度使成就与文化资本成比例的程度上，不同阶层教学工作的产品就会在文化市场上接受与一种等级横向排列的各种价值，这种等级再制出按文化资本排列的各阶层的等级"[1]。在布迪厄看来，文化再生产与社会再生产是紧密联系在一起的。"教育中的文化再生产使大批农村孩子因为学业失败而留在了农村，从而更深层次也是更隐蔽

---

[1] ［法］布尔迪厄：《文化再制与社会再制》，载厉以贤主编：《西方教育社会学文选》，台湾五南图书出版公司 1992 年版，第 440 页。

地巩固了我国的城乡二元结构"。① 因此,教育自身所具有的文化再生产功能决定了教育改革的某些代价造成的影响延续的时间是非常长的。

4. 教育改革代价具有不可补偿性。

对教育改革代价的补偿性应该进行具体分析。客观地说,对于承担教育改革代价的具体个人来说,他们所遭受的损失是不可补偿的。教育改革代价的不可补偿性源于学生是正处于发展中的人。社会改革如果损害了一部分人的利益,可以通过有形的物质,如金钱来补偿。但是教育改革的代价却不能完全如此,人的发展具有不可逆性,不可能重新来过,正如时间之不可逆性,人的发展最佳时期一旦错过即造成无法挽回的后果,恰如洛克所言:"教育上的错误正和配错了药一样,第一次弄错了,绝不可能第二次、第三次去补救,它们的影响是终身洗刷不掉的。"

在中国的改革开放初期,邓小平同志提出"一部分人、一部分地区先富起来,带动其他人的富裕",通过牺牲低下的公平,提高效率,从而达到更高质量的公平,这被实践证明是正确的,但在教育改革领域却是值得质疑的。因为我们谁也没有权力说为了大多数学生的利益,一部分学生的某些利益可以当作代价付出,对于个体利益牺牲者来说,这是不道德的,因为"每个人都拥有一种基于正义的不可侵犯性,这种不可侵犯性即使以社会整体利益之名也不能逾越"。② 教育改革必然要考虑所有的学生,基于教育自身固有的伦理性,任何人的权益都应该得到保障。因此,就具体个人而言,教育改革致使他们所付出的代价是无法补偿的,这是绝对的。

但是在现实中,对于承受代价者,我们总是会提到补偿,那么这种补偿又是怎样的补偿呢?这种补偿应该说是一种相对的补偿,是某种程度上的补

---

① 余秀兰:《中国教育的城乡差异——一种文化再生产现象的分析》,教育科学出版社 2004 年版,第 217 页。

② [美]约翰·罗尔斯著,何怀宏、何包钢、廖申白译:《正义论》,中国社会科学出版社 1988 年版,第 3 页。

偿，因此也是有限度的补偿。在教育领域，教育伤害（如教育机会的不均等对人的伤害）主要是精神或心理的伤害，在人们心中，这些伤害是不能和因工伤等导致的身体伤害同日而语的。人们可能会容忍教育机会的不均等，而对于身体的损害却是绝对不能容忍的，这可能也就是为什么教育改革的代价容易让人忽视的原因之一。但是，在今天，无论是从"人力资本投资"的经济学角度，还是从"人的自身发展"的生命哲学视角出发，教育的重要性已经越来越为人们认同。剥夺一个人的受教育权，无疑会阻碍个人的可持续发展，特别是对于许多以升学为唯一向上流动的学生来说，尤其如此。从这一点来说，教育改革代价承受者的补偿同样也是有限度的。

（三）正确区分教育改革的代价与教育改革代价的附加

是否一切的负面影响、消极后果都应算作教育改革所付出的代价？答案是否定的。应该对二者加以区分，区分教育改革的代价与非代价有利于人们对改革代价的限度进行合理把握，实际上也是对改革所付出的代价进行某种限定，明确代价与非代价之间的界限。在教育改革中，由于人们对代价存在模糊的认识，把一些并非改革本身所带来的损失与消极后果都看作是改革的代价，或者并非改革必然要付出的代价被当作必然代价而付出，这些代价并不是改革代价本身，而只能是误当作改革的代价的"改革代价的附加"。

例一：学生学力下降是教育改革应付出的代价吗？

在新课程改革中，一直存在一个争论，即学生的基础学力下降的问题，认为课程改革有"轻视知识"之嫌。有人认为新课程要实现从传统课堂教学过分注重知识而忽视学生能力的培养向注重知识、情感、态度三维目标转变，在转变的过程中，出现弱化知识学习的现象是课程改革需付出的合理代价。[①]学生学力下降是教育改革应付出的合理代价吗？

事实上，学生基础知识出现弱化并不是教育改革应该付出的代价，这是

---

① 孙天华、张济洲：《课程改革的"代价意识"》，载《中小学师资培训》，2006（3）。

对改革代价的误解。这不禁让人想起了素质教育的现实遭遇。有人认为，应试教育着眼于智力培养，而素质教育则注重思想道德和兴趣特长，因此我们的学校出现了"上午进行应试教育，下午进行素质教育"、"课堂内搞应试教育，课堂外进行素质教育"的笑话。素质教育着眼于人的综合素质的发展，绝没有否定知识学习的意思，难道进行素质教育应以学生的基础知识的降低为代价？这无论如何是说不过去的。教育以人为本，以促进学生的发展为宗旨。掌握前人已有的知识与经验是学生认识世界的捷径，因此，知识的学习在任何时候都不应该弱化。课程改革要做的是对知识本身进行重新界定，打破文本知识一统天下的局面，注重知识与生活世界的联系，注重获取知识方式的多样化，注重个人的理解，为学生的和谐、持续、自主发展打下坚实的基础。到底谁在轻视知识？为什么会"轻视知识"？是改革本身造成的还是在改革的实施过程某些极端做法造成的？这是应该区分的。

例二：教师身心疲惫是教育改革惹的祸？

教师作为教育改革的主体，担负着来自社会各方面对他们的殷殷期望，也承载着由于改革所带来的一些负面影响，社会给予他们的种种责难，"成也萧何，败也萧何"。面对改革所带来的机遇与挑战，有些教师感受到前所未有的压力，教师职业倦怠、心理健康等问题逐渐浮现。于是，有人感叹，教育改革让教师不堪重负。的确如此吗？试想，没有教育改革，教师是否处于绝对的舒适地带？在社会转型时期，发展迅速，竞争激烈，大学生不再是"天之骄子"，而"教师"一职也不再是"铁饭碗"。身处这个巨变的社会，每一个人都感受到巨大的压力，我们还能期望学校是"世外桃源"？教师在今天所面临的压力相比于过去，的确要大得多了。正如经济合作与发展组织（OECD）所言："今天教师所承担的任务要比过去更复杂、更苛刻。他们必须对父母对教育结果的期望、社会对接受教育的需求以及更民主地参与学校的压力作出反应"①。如此看来，教育改革充其量只是造成教师身心疲惫的一个因素。要全面地认识教师身心疲惫产生的根源，否则难免又将其附加到教育改革的代价身上。

改革的代价并不是无所不装的"筐"，改革实施过程中出现的问题或失误并不是都可以当作代价往里装，否则会把改革实施中出现的一切人为失误都当作了代价。这样改革代价会因此成为一切允许与不允许、可能与不可能出现的失误的托辞。

第二节 教育改革代价合理性与不合理性的划分

教育改革作为一项人为的社会实践活动，付出代价是难免的，也就是说教育改革代价的付出具有一定的必然性。那么，是不是说所有付出的教育改革代价都是合理的呢？不尽然。正如前面所言，如果将一切消极后果、负面影响都归之于必然要付出的合理代价，有可能导致某些人以此为借口来反对改革。那么，如何区分教育改革中的合理性代价和不合理性代价呢？

一、理性（reason）与合理性（rationality）

从本质上说，代价是价值负载的，是客体对主体所产生的负价值。教育是一个事实与价值统一的领域，教育改革不可能是价值无涉或价值中立的。对教育改革代价进行评判，从其根本上说就是一个价值判断的过程。价值判断是一个主观见之于客观的评价过程，由评判主体、评判对象以及评判标准等因素构成。从本质上说，合理性的判断也是一种价值判断，涉及两个问题，

---

① Michael Fullan, Andy Hargreaves. 1992. *Teacher Development and Educational Change*. The Falmer Press. p37.

即合乎"什么样"的理性,合乎"谁"的理性。

要知道合乎"什么样"的理性,其前提是要弄清楚什么是理性。因为在不同的时期、不同的学科以及不同的阶级之间,理性的界定是不同的。"理性",又被称为"努斯(nous)"、"逻格斯(logos)",一般指"概念、判断、推理等思维形式或思维活动"。在亚里士多德那里,"努斯(nous)"是一种能力,与欲求相对,"是灵魂的基于某种目的而把握可变动的题材的能力的总称","是为着某种目的而进行推理的东西"①。在西方哲学史上,斯多亚派认为理性是人的属性和神的本性;唯理论认为理性是知识和社会进步的源泉。在德国古典哲学中,理性是认识的一种能力和阶段,如康德认为感性、知性、理性构成人的认识能力的三个环节。他将理性作为知识和道德的基础,从而使理性超越了理论和认识的范围。马克斯·韦伯认为,理性一方面意味着考量不同目标在实现上的轻重缓急,另一方面必须顾及行动后果的利弊得失,避免出现得不偿失的情形。在中国古代哲学中,理性概念在内容上强调与封建伦理纲常的一致性,在形式上强调主体自动、积极的伦理行为,如修身、养性、克己等等。②我国哲学家夏甄陶认为理性是认识的一种反映形式,"理性反映包括多种形式,主要是概念、判断、推理,这些形式是在感性反映形式的基础上形成和起作用的,它们是主体思维活动的结果和产物,又是主体思维理性的掌握客体的手段和工具"③。

从形形色色的理性定义中,我们可以把握几点要点:①理性是一种高级认识,与感觉、知觉、感情和欲望相对,高于经验和感性认识;②理性是一种能力,是人类在选择手段和目的方面合理地指导自身行为的能力,是主体能动自觉性的体现;③理性范畴是历史的。一定历史阶段的具体理性,既包

---

① [古希腊]亚里士多德:《尼各马可伦理学》,商务印书馆2003年版,第167页。
② 郑新蓉:《现代教育改革理性批判》,人民教育出版社2003年版,第4页。
③ 夏甄陶:《认识论引论》,人民出版社1986年版,第243页。

括主体的事实认识，也包括主体的价值认识①，因而在不同的历史时代和不同的文化背景下有不同的理解。

康德将人类理性区分为理论理性（又称认知理性）与实践理性（又称为伦理理性）。他认为理论理性的法则是一种自然法则，解答"是什么"的问题；实践理性的法则是一种道德法则，解答"应当如此"的问题。关于理性与伦理的关系，英国学者里克曼有所论述。他在构建理性哲学时，提出了四个原则，其中第四个原则即是规定理性可以通过提供道德原则以及可被理性地讨论的实际智慧而付诸实践，指导行动。这一原则对于理性哲学是绝对重要的，因为它给予理性以伦理上的权威。理性的任务远非将自身局限于选择达到目的的手段之内，它还能够而且必须提供终极目标和基本原则。运用理性不仅潜在地是有用的，甚至是丰富的；而且内在地是有价值的。理论理性与实践理性都是重要的，能为人类的行动制定普遍而有效的法则或原则。前者为组织我们的经验而制定了法则，后者产生了关于道德行为的规则。在康德看来，实践理性（伦理理性）甚至要比理论理性对我们有着更直接的关系，因为后者需要以经营的范围为前提，而前者甚至对无知和无经验的人都能讲清楚。② 合理性行为应该是符合理论理性（认知理性）或实践理性（伦理理性）的行为。将实践理性（伦理理性）引入到理性的概念中，一方面丰富了理性的内涵，另一方面也限定了合理性行为的判定。因为理论理性（认知理性）只是告诉我们怎样去实现目的，而理性要真正是实践的，它就必须在道德意义上是真正起作用的，才能决定我们的选择，从而指导我们的行动。

对于合理性是什么，《社会科学百科全书》解释："合理性是一种个人或集体在其思想、行为或社会制度中展示的特质。对合理性特点的标明或规定，不论个别还是联合，都可发现有种种特色：①一种与冲动行事或盲动相反，

---

① 郑新蓉：《现代教育改革理性批判》，人民教育出版社2003年版，第5页。
② ［英］H. P. 里克曼著，姚休等译：《理性的探险——哲学在社会学中的应用》，商务印书馆2006年版，第16页。

只是在深思熟虑后行动的倾向;②倾向于按周密计划行事;③行为受制于抽象的或普遍的法则;④工具的效力,与听任习惯或冲动选择工具相反,完全按其在实现一个明确指定目标中的效力去选择工具;⑤倾向于在选择行为、制度等之时着眼于它们对简单明了地说明准则的贡献,而不是用繁冗含糊的准则去评价它们,或凭其惯例去接受它们;⑥倾向于认为人是在理性功能的发挥或满足中,而不是在情感或肉欲中得到实现的。"[1]

韦伯最早将合理性概念引入了社会学领域。韦伯从理性的角度将社会行动分为两类:①目的理性式(工具合理性),是通过对周围环境和他人客体行为的期待所决定的行动,这种期待被当作达到行动者本人所追求的和经过理性计算的目的的"条件"或"手段"。②价值理性式,是通过有意识地坚信某些特定行为的——伦理的、审美的、宗教的或其他任何形式——自身价值,无关于能否成功,纯由其信仰所决定的行动。[2] 其中前者关涉事实之间的因果关系,倾向于在手段和程序等方面尽可能量化,又被称作纯粹客观的合理性。这种行动以目的、手段和附带后果来作为自己行动的趋向,并将手段与目的、也把目的和附带后果乃至将各种可能的目的相比较,作出合乎理性的权衡。后者关乎伦理主义或道德理想,对行动实现价值判断,极力强调行动的社会关注,忽视行动效率,也即在乎的是行动本身是否符合绝对价值,而行动的后果不在考虑的范围之内。当然,韦伯的这种划分并不是绝对的,因为这两种行动从未以纯粹的形式在现实中出现过,事实上,任何实际行动总是既包含工具合理性的成分,又有价值合理性的因素。

---

[1] [英]亚当·库珀等:《社会科学百科全书》,上海译文出版社1989年版,第634~635页。

[2] [德]马克斯·韦伯著,顾忠华译:《社会学的基本概念》,广西师范大学出版社2005年版,第32页。

二、代价合理性的判定

明白了什么是合理性以及合理性的行动,那么,我们可以据此进行简单地推断,合理性行动所付出的代价是合理的,而由不合理性的行动所付出的代价则是不合理的。当然,这只是一种简单的初步的推断,而不是绝对的、最终的推断。有时合理性的行为同样会导致混乱,正如希尔斯所说:"几乎在每一个国家中,理性化地努力都加剧了社会混乱。一场'教育革命'预备了'为发展所需的高层次人力',但却产生了失业的弃学者、不安的大学生,他们有的是时间与热情去从事暴力活动,有时则是难以抵御的示威。"① 现实中的确不乏这些事例,例如个人合理性的行为可能导致集体代价的不合理,例如"公地悲剧"。有时则相反,如功利主义的"最大多数人的最大幸福"原则。在韦伯看来,合理性和非理性都是相对而言的,任何一个现实的行动都含有这两者的因素。在韦伯的观念中,"合理性行动和非理性行动并非指两种不同的现实行动,而是指对两种不同观点而言的同一现实行动的不同侧面。当人们从合理性的形式上观察某一社会行动时,它可能是合理性的(形式合理性的和实质非理性的);当人们从合理性的实质考察行动时,它就是非理性的(形式非理性的和实质合理性的)。"② 同样,代价的合理性也是相对的,对于代价的合理性判定还要视具体情况而定。后面会结合教育改革代价合理性的评判来论述,此处不详述。

对于合乎"谁"的理性,在不同的时期、不同的社会中是不同的,也即理性的具体内容具有历史性。例如,在专制社会,合乎的是统治阶级的理性;在民主社会,合乎的是人民大众的理性。那么,判断代价应该合乎"谁"的

---

① [美]希尔斯著,傅铿、吕乐译:《论传统》,上海人民出版社1991年版,第397页。

② 杨善华、谢立中:《西方社会学理论(上卷)》,北京大学出版社2005年版,第187页。

理性,也应依据不同的时期、不同的社会所认可的理性而有所不同。在专制社会,如果代价的付出是符合统治阶级的理性,就是合理的,否则是不合理的;在民主社会,代价的付出必须符合公众的理性,否则就是不合理的。

三、评判教育改革代价合理性应考虑的因素

对于区分代价的合理性与不合理性的标准,有论者提出了几条标准:代价付出的必要性、代价操作的可行性、代价效应的有利性和代价分配的公平性,即代价是否必要、是否可行、是否有利、是否公正。[①] 事实上,这些标准也是非常模糊的,例如是否必要,衡量"必要"的标准又是什么呢?评判的主体不同,其评判的立场以及所依据的标准也会不同,从而评判的结果也会有所出入。其他三条标准都存在这样的问题。那么,是不是就依此而言,不存在评判代价合理性的标准呢?不是的,只是应该设置一定的限定条件,不存在普遍适用的评判标准。

在教育领域,由于教育是一项人为的、为人的活动,这更增添了评判教育改革代价合理性的难度。为了尽可能客观地评判教育改革代价的合理性,评判者应该考虑到以下几个因素:

(一)将教育改革代价置于其所发生的历史时空背景中进行评判

从教育的功能来看,教育同时具有工具价值和内在价值。一方面,教育改革总是发生在一定的"场域"之中,必然受到当时当地政治、经济的影响,很难想象脱离了社会这个大背景的教育改革能够取得成功。从这点来说,教育改革必然要符合社会的整体发展需要,致力于满足社会的公共利益。另外,教育是一项公益性事业,教育的这种特性也决定了教育改革应满足公共利益。另一方面,教育还具有一种内在的价值,即追求教育过程之中人的生命的发展,给人以智慧的启蒙,实现其生命自觉,使之获得追求幸福的能力。这可以

---

① 张明仓:《论代价合理性的标准》,载《江汉论坛》,1996(8)。

看作是教育的内在价值。教育的内在价值决定了教育改革不能为了外在的政治、经济等目的而置人的发展不顾，也就是同时要考虑作为具体个人的利益。

教育改革一方面要促进社会整体利益，即公共利益的增长；另一方面又要促进个体利益的增长。但当公共利益和个人利益发生冲突时，如何兼顾二者，保持二者之间的最大平衡呢？这是一种两难困境，无论偏向哪一方都具有某种程度的合理性或不合理性。确实，在不同的文化、不同的国家以及不同的时期，对公共利益和个人利益之间的关系的认识与处理是不同的。例如，从文化层面来讲，东方文化强调社会、国家利益至上，个人利益应服从国家利益；而西方文化诚然也强调国家利益，但它更重个人自由，从而也更看重个人利益。那么，在不同的文化下，判断代价的合理性标准是不同的。

下面再来分析一下我国的重点学校制度，这有助于我们理解教育改革中的这种两难困境。20世纪50年代初，在学习苏联和为实现工业化的努力中，教育的数量与质量、普及与提高的矛盾非常突出。1953年5月，毛泽东主持中共中央政治局会议，决定"要办重点中学"。教育部确定"有重点地办好一些中学与师范"，以取得经验，指导一般。20世纪60年代，延续着重点学校制度。"文革"期间，为了体现公平，重点学校制度被废除。1977年5月24日，邓小平同志在谈到"尊重知识，尊重人才"时指出："办教育要两条腿走路，既注意普及，又注意提高，要办重点小学、重点中学、重点大学。"1978年1月教育部颁布《关于办好一批重点中小学试行方案》，1980年10月教育部又颁布了《关于分期分批办好重点中学的决定》，重点学校制度重新恢复。2006年，新《义务教育法》规定："县级以上人民政府及其教育行政部门应当促进学校均衡发展，缩小学校之间条件的差距，不得将学校分为重点学校和非重点学校，学校不得分设重点班和非重点班。"重点学校制度被彻底取消。重点学校制度在我国经历了几度浮沉，直至彻底废除。我们能否从重点学校制度的废除推断当时建立重点学校制度是不合理的呢？这是值得认真思考的问题。

从重点学校制度建立的初衷来看,它是着眼于国家的整体利益的。在特定的历史条件下,如何提高教育质量,为实现工业化迅速培养大量专家呢?如何处理普及与提高之间的矛盾呢?重点学校制度无疑是解决这些问题的一个思路。这在当时是合理的,至少是可以理解的。20世纪90年代以来,重点学校制度暴露出越来越多的弊病,被看作是计划经济体制下的"怪物"。在市场经济体制下,已经越来越不合时宜,要求取消重点学校制度的呼声越来越高。重点学校制度最大的弊端,也即受到最大攻击的缺陷在于它所导致的教育不公平。第一,人为地拉大了学校与学校之间的差距,形成了所谓的重点学校与薄弱学校。据"转型期中国重大教育政策案例研究课题组"通过对某地区的调查,发现重点学校与非重点学校在几个方面存在很大差距。[1] 首先,师资存在很大差距。据统计,1990年重点学校教师本科学历占47%,专科学历占34.1%;非重点学校二者的比例分别为21.1%,58.2%。1995年重点学校二者比例为52.1%,40.2%;非重点学校分别为21.1%,58.2%。其次,仪器设备的提供上存在很大差距。按每年投入的经费计算,1992年以前,3所重点中学得到的仪器设备费差不多是9所非重点中学的10倍,1992年以后非重点中学的设备费开始有所增加(详见下表)。

重点中学与非重点中学仪器设备每年投入比较(单位:万元)

年份	重点学校	非重点学校
1988	3	0.2
1990	4	0.4
1992	4.5	0.5
1994	5	2
1995	5	2

---

[1] 转型期中国重大教育政策案例研究课题组:《缩小差距——中国教育政策的重大命题》,人民教育出版社2005年版,第289页。

重点中学与非重点中学实验室情况对照表（单位：间）

年份	重点学校	非重点学校
1990	20	5
1992	22	5
1994	26	7
1995	26	7

此外，二者在人均图书拥有量上也存在差别。

由于种种人为的因素，导致重点学校与非重点学校之间无论在软件设施还是硬件设施方面都产生了巨大的差距，而它们在软件和硬件上的差距直接影响了二者在升学率上的差距，由此形成了一种"马太效应"。不可否认，这也是导致"择校热"、重点学校"权力寻租"的根源之一。

第二，拉大了城乡教育的差距。首先，最初建立的重点学校一般在城市。据1963年9月统计，北京、吉林、江西等9省、自治区、直辖市共135所重点学校的布局是：城市84所，占62%；农村8所，占6%；有7个省、自治区没有选定农村中学。[①] 其次，从重点学校学生的成分来看，重点学校中出身于干部和中产阶级知识分子家庭的学生最多；出身于工人阶级家庭的青年占少数；出身于农民家庭的几乎没有。[②] 再次，导致了教师之间的非正常流动，即农村优秀教师向城镇流动，城镇优秀教师向大城市或沿海经济发达城市流动，这无疑对原本基础薄弱的农村教育来说是"雪上加霜"。最后，大多数重点学校是以升学率为重要衡量指标的，这无疑强化了应试教育。在越来越强调尊重个体权利的今天，儿童的受教育权已经通过法律的形式得以确保。1989年11月20日，联合国大会通过了《儿童权利公约》，其以儿童的最大利

---

① 中国教育年鉴编辑部：《中国教育年鉴（1949～1981）》，中国大百科全书出版社1984年版，第168页。

② [美] R. 麦克法夸尔、费正清编：《剑桥中华人民共和国史——中国革命内部的革命（1966～1982）》，中国社会科学出版社1998年版，第590页。

第一章　教育改革代价的界说

益为其指导精神,确立了"儿童至上"的原则,即在分配资源时,儿童的基本需要应该得到高度优先重视;确立"一切为了儿童"的新道德观,即儿童应该是"人类一切成就的第一个收益者,也应该是人类失败的最后一个蒙难者"。新的儿童观强调每一个儿童平等的保护权利。用今天的眼光来看,重点学校制度无疑是与这种新儿童观是相抵触的,已经无合理性可言。

从重点学校制度的沿革来看,教育改革代价的合理性具有历史的相对性。我们必须要将所付出的代价放到特定的社会背景中去考察,尽可能地还原其产生的时代。正如阿普尔(Michael W. Apple)所言:"我们需要尽可能把一切放置到更大的背景去,包括我们传授的知识、支配课堂的社会关系、作为文化和经济保存和分配机制的学校,以及在这些背景中工作的我们。"[1] 可以说,任何脱离背景来评判合理性的行为都是过于武断的。"假如坚持以为'他们'付出了代价,不是在把'我们'的价值观强加在他们头上吗?不是带有浓厚的主观色彩吗?"[2]

因此,如果要对一项教育改革作出尽可能客观的评价,就需要进行短时段评估与长时段评估,在改革结束的不同时间段进行循环评估,针对关键性的指标进行跟踪评估,由此来判断一项改革的各项措施所产生的效应是积极的大于消极的,还是相反。

(二)全面、综合地考虑教育改革的收益和代价

评价是一种价值判断,它具有激励、促进、监督等多种功能,将评价融入到教育改革能够提高教育改革的质量。"社会评估应当预期并描述社会效果,以尽可能在早期实行管理,并在社会发展过程中卷入所有群体以平衡变

---

[1] [美]迈克尔·W. 阿普尔著,黄忠敬译:《意识形态与课程》,华东师范大学出版社2001年版,第3页。

[2] 郑也夫:《代价论——一个社会学的新视角》,三联书店1994年版,第11页。

迁带来的成本和收益"。① 那么，教育改革所产生的收益和代价该如何测量呢？

在经济学中，衡量一项活动的收益，一般是通过成本——收益分析法（Cost-Benefit Analysis，简称 CBA）来进行的。成本——收益分析是指在替代方案的成本和收益均可用货币来进行度量时，对替代方案做出的评估。② 由此来分析一个方案是否值得，如果是值得的，它所产生的收益必须超过成本。成本——收益分析方法的优点在于，它能有效衡量一个项目或一项政策总体价值。但其缺点在于成本和收益必须用货币的方式进行估价。但是，有些行为所产生的收益是无法用货币来估价的，在教育领域尤其如此。教育改革的收益和代价都是多维的，既可能是物质的，也可能是精神的；既可能是短期的，也可能是长期的；既可能是显性的，也可能是潜在的；既可能是单一的，也可能是多面的。试图用货币来衡量教育改革的收益或代价，几乎是不可能的。例如，对个体的受教育者来说，教育的收益不仅包括受教育后所带来的好的工作，还包括由此带来的社会流动、个人相对体面的生活等，我们如何来衡量这些收益呢？因此，根据教育改革的收益来评判教育改革代价是否合理，这即使不是不可能的，也是非常困难的。"使用成本—收益或成本—绩效分析方法的评估者必须了解在特定领域使用效率分析会遇到的特殊问题，并应该了解成本—收益或成本—绩效分析的局限性"③。这无疑对教育改革者提出了更高的要求。通常的办法是通过描述性的方法对教育改革成效进行多维度的评判，综合考虑教育改革对个体或大众教育需求的满足度，或者说是个体或大众对教育改革成效的满意度。

---

① ［美］C. 尼古拉斯·泰勒等著，葛道顺译：《社会评估：理论、过程与技术》，重庆大学出版社 2009 年版，第 67 页。

② ［美］亨利·M. 莱文、帕特里克·J. 麦克尤恩著，金志农、孙长青、史昱等译：《成本决定效益——成本—效益分析方法和应用》，中国林业出版社、北京希望电子出版社 2006 年版，第 12 页。

③ ［美］彼得·罗希等著，邱泽奇等译：《评估：方法与技术》，重庆大学出版社 2007 年版，第 233 页。

（三）教育改革代价的评判还涉及由谁来评判的问题

我们知道，评判者所处的位置不同，持有的价值观不同，看问题的视角就会不同，得出的结论也就会不同。那么，是否还可能做出合理的评判呢？理性哲学认为理性是道德判断的来源，因为理性能作出道德上的普遍和确实的判断，就像理性在数学中所作出的普遍而确实的判断那样。[①] 因此，评判者可以通过理性来独立地判断社会问题。但是，理性不是万能的，它具有其适用的范围。教育是一个事实与价值相统一的领域，对教育问题的处理必然不同于科学家处理液体和气体的流动等科学现象或者事实问题。客观地说，评判者无论怎样努力都不可能完全做到价值中立。正如沃勒斯坦（I. Wallerstein）所言，"如果现实是不确定的，那就不得不进行选择了；如果我们不得不进行选择，那分析者的价值取向、偏好、假设等就不可避免地要进入分析过程了。我们即使有意排除这些要考虑的因素，即如果我们在从事知识活动时坚持一种道德中立立场，这些因素也会无意识地出现，也会在人们随意的交谈中出现。我们即使把这些因素表面化，还会不断出现无意识状态，因为无意识构成了分析家的灵魂。简言之，对真理的追求都会涉及对善与美的争论。"[②] 从对改革代价合理性的评判来说，改革的发起者与其反对者的评价一般是存在差异的，甚至是完全相反的。因此，由谁评判，在何时评判，也应做相应的考虑，这是对评判的评判。

以上几点足以说明要对教育改革代价的合理性做出合理的评判是复杂的，具有相当的难度。

[①] ［英］H. P. 里克曼著，姚休等译：《理性的探险——哲学在社会学中的应用》，商务印书馆 2006 年版，第 152 页。

[②] ［美］伊曼纽尔·沃勒斯坦著，王昺等译：《知识的不确定性》，山东大学出版社 2006 年版，第 32 页。

第三节 教育改革代价的表现

通过概念的界定,我们知道了教育改革代价是什么,但如要更全面地了解教育改革的代价,还需要知道它具有哪些表现。正如幸福是什么一样,我们能界定的只是它的定义,而只有通过描述它的表现,我们才能真正了解幸福是什么。教育改革代价的表现,主要可以从三个维度(社会、教育和人)来进行考察。但是,我们又要看到,就教育而言,这三个维度是不可截然分开的,教育和人总是一定社会中的教育和人,对其中一个造成影响必然会对其他二者形成连锁反应。

一、教育改革所产生的负的社会效益

社会效益指从社会总体利益出发来衡量的某种社会活动的效果和收益,是社会代价(或"社会费用")与社会利益(或"社会利润")之间的比例关系,是社会单元的"社会净产值"。[①] 一项社会活动,它对外界的影响既可能是正面的、积极的,也可能是负面的、消极的甚至是有害的。因此,一般地说,它的社会效益,也有正效益和负效益之分。社会的代价和利益有两类:一类是通过市场交换进行的,因而可以用金钱来衡量的,如某项水利工程的投资与收益;另一类则是不通过市场交换进行的,难以用金钱来衡量的,如水利工程的建设对自然环境、民风、民俗、居民心理的影响。

教育改革所产生的代价是多方面的,由于教育与社会息息相关,其必然包括教育改革所产生的负的社会效益。这里的社会效益不仅指教育改革所产

---

① 郑杭生:《中国特色社会学理论的探索》,中国人民大学出版社 2005 年版,第 123～124 页。

生的经济效益，还包括它对社会非经济领域的影响。因此，教育改革所产生的负社会效益，不仅是指它对经济所造成的负面影响，还包括它对社会非经济领域的负面影响。衡量一项诸如教育改革之类的活动的社会效益并非易事，每一次的教育改革投入是不一样的，其投入也是多方面的，包括政府、社会组织、家庭等，要准确算出每一次教育改革的投入几乎是不可能的，同样，教育改革的产出也是多方面的，要准确计算其产出也是难以做到的。因此，本书主要是分析它对社会非经济领域的影响。

教育是社会这个大系统中的一个子系统，一项不合理的教育改革必然会影响到社会这个"母体"。例如，教育改革的最终目的是培养出合格的、适应社会需求与发展的人才，但从历史来看，有时候往往是适得其反。

教育改革所带来的教育所培养的人才不为当时的社会所需，主要表现在两个方面：一是教育改革侧重教育规模的扩展，导致所培养的学生数量，尤其是大学生的数量超过经济发展所能吸收的程度，致使大学生毕业即失业。从效率的角度来看，一定教育投入所培养的人的数量越多，证明这种教育的效率越高。但是，效率越高并不代表效益越高。效益的意义除了效率所包含的"投入与产出比例"以外，效益还包括活动结果的社会影响，如果能够符合、满足社会和个人的需要，则为正效益，反之则为负效益。从效益的角度来看，如果所培养的毕业生人数"远远超过了经济所能吸收的力量，致使某些特定的集团出现了失业现象，而在这方面的弊端不仅是得不偿失，而且还造成了如此广泛的心理上和社会上的损害，以致破坏了社会的平衡"，[1] 单纯考虑教育改革的经济效益，而忽视其社会效益，可能会产生一系列的负面影响。这在一些发展中国家已有前车之鉴。

在印度曾经就出现过不顾现实的经济发展，过度扩大大学招生规模的现

---

[1] 联合国教科文组织国际教育发展委员会编著，华东师范大学比较教育研究所译：《学会生存——教育世界的今天和明天》，教育科学出版社1996年版，第2页。

象。1946年印度的大学生人数是22.5万人，到1983年增长了15倍，而经济的发展速度却跟不上大学规模扩张的速度，结果大学生失业现象严重。在1978年春天，一个在印度生活了很长时间的受人尊敬的新闻工作者作了以下的报告：

  这些日子在加尔各答，任何西方商人都有可能在街上碰到谈吐优雅的青年向他打招呼，追赶着他的步伐，询问他是否正在找一个办事员或助手。在马德拉一个繁忙的十字路口，站着一个身着陈旧灰衣服的大学毕业生，手持一个他用火柴棍做的玩具船，天天在此出售。
  这就是印度受过教育的失业者——几百万有文化的、体面的、常常是西方化的年轻男人和妇女，却没有工作。[①]

这种大学生失业的情况在20世纪70年代的巴基斯坦、斯里兰卡、泰国以及菲律宾等发展中国家都出现过，这又被称为"过度教育"或"教育过度"。当然，发达国家也不例外。1985年，仅欧洲共同体12国失业人口就达1600万，在失业大军中占37%的是25岁以上受过中等教育的青年；美国有半数新毕业的大学生找不到对口的工作。[②] 大学生失业不仅造成了巨大的人力、物力浪费，而且也可能在社会大众心目中形成"读书无用论"的观点，直接影响到基础教育的发展，甚至是破坏社会的稳定发展。

二是教育改革所导致的专业设置、学科结构不合理，导致所培养的学生缺乏适应社会的能力。《学会生存》中提到"从理论和实践这两方面来看，有

  [①] [美]菲利浦·孔布斯著，赵宝恒、李环译：《世界教育危机》，人民教育出版社1990年版，第220页。
  [②] 参见袁振国：《教育改革论》，江苏教育出版社1992年版，第14页。

三种普遍流行的现象值得特别注意。"[1] 其中第三种现象是社会拒绝使用学校的毕业生,也就是说在教育成果与社会需要之间产生了矛盾,其原因之一是学校所设置的专业与社会需求存在差距。社会的急剧变化、技术的迅速发展需要学校调整旧的学科,开设新的学科。但是,教育自身又具有一定的保守性和滞后性,并不总能跟上社会的发展变化,因而有可能虽然学生接受了正规的训练,却不适应经济上的需要,结果培养出来的学生在社会上找不到合适的工作。

教育改革所产生的负的社会效益还有很多方面的表现,例如,由于教育不公平所带来的社会不公平,由于教育腐败而导致教育乃至政府在社会公众心目中形象的损害(如重点学校制度带来的"钱学交易"、"择校"、重点学校"权力寻租"等)等等。客观地说,教育是社会的一个子系统,教育改革必然会对社会造成影响,教育改革代价必然体现为某种负的社会效益,或为直接或为间接,或大或小。

二、教育改革对教育发展的阻滞

人类社会的发展需要实现可持续发展,教育同样也涉及可持续发展问题。可持续发展最初是在1980年,由国际自然保护联盟在《世界自然保护大纲》中提出。1992年6月,联合国世界环境与发展大会通过了《21世纪议程》和《地球宪章》,标志着可持续发展观已得到了人们的确认并且被世界各国政府所接受。可持续发展是针对"人口、资源、环境、发展"四位一体的协调发展而提出的,其核心是强调人与人、人与自然的协调发展。可持续发展强调的是一种协调的发展。从可持续发展的视角来审视教育,我们会发现教育也存在着可持续发展的问题。从教育系统的外部来看,教育应该与社会的发展相适应;

---

[1] 联合国教科文组织国际教育发展委员会编著,华东师范大学比较教育研究所译:《学会生存——教育世界的今天和明天》,教育科学出版社1996年版,第35页。

从教育系统的内部来看，教育内部各要素之间也应该保持协调的发展。

虽然教育改革往往是为了解决社会和教育中存在的问题，但也存在由于忽视教育自身的特殊性而导致出现破坏教育可持续发展的现象。以下试从教育系统内部举例说明。

(一) 教育中的数量与质量 (或者说普及与提高) 之间关系的失衡

数量和质量是教育发展中面临的一对矛盾，正确处理好教育的数量与质量（通常又被称作普及与提高之间的关系）是教育可持续发展的一个重要方面。任何"单打一"的做法都是不合理的。在我国，无视教育中的数量与质量之间关系的莫过于新中国建国初期了。在新中国教育发展历程的早期，在探索中国教育改革道路的过程中，由于受到"左"倾错误思想的影响，某些领导人忽视教育自身的发展特性，在实践中表现为一些急躁和冒进的行为，给教育的发展造成了极大的损害。1958年是我党摸索自己的教育道路的时期，国家提出了"两条腿走路"的办学方针，实行全党全民办学，使教育事业得到了空前发展。1958年9月19日，中共中央、国务院发布《关于教育工作的指示》，总结了"两条腿走路"方针指导下各级各类学校的办学经验，提出全国将有三类学校，即全日制学校、半工半读学校和各类形式的业余学校，要求"调动一切积极因素，鼓足干劲，力争上游，多快好省地扫除文盲、普及教育、培养出一支数以万计的又红又专的工人阶级知识分子的队伍"。具体来说，"全国应在三五年的时间内，基本上完成扫除文盲、普及小学教育、农业合作社有中学和使学龄儿童大多数都能入托儿所和幼儿园的任务。大力发展中等教育和高等教育，争取在15年左右的时间内基本上做到使全国青年和成年人，凡是有条件的和自愿的，都可以受到高等教育。我们将以15年左右的时间来普及高等教育，然后再以15年左右的时间来从事提高的工作"。[①] 在这之后，教育事业的"大跃进"如火如荼地开展，各级各类学校纷纷创立。不

---

① 江山野：《中国教育事典》（初等教育卷），河北教育出版社1994年版，第37页。

仅是教育界办教育，很多工厂、机关、街道、公社、企业也办起了高等学校、中专学校、农业中学、红专大学等一系列名目繁多的学校。1959年，虽然教育事业提出了"巩固、调整和提高"的方针，但1958年教育"大跃进"问题并没有得到根本解决，反而在"反右倾"的斗争中继续加以推行。

　　教育领域中的这种随意办学、浮夸冒进是违背教育发展规律的。在师资严重缺乏的情况下，必然导致低下的教育质量，也破坏了教育与社会之间的和谐发展。教育的发展必须与当时的社会发展相适应，必然要与社会经济发展所能提供的支持相协调。"教育大革命"中的教育大跃进明显没有顾及当时的实际条件和实际需要，盲目"大办"，致使教育规模过度扩展，而且这种过度扩展是建立在低水平重复的基础之上的，对本就有限的资源造成极大的浪费，导致教育事业付出了不小的代价。

　　对于20世纪90年代开始的高等教育大扩招，社会各界则是褒贬不一。褒者认为，这次扩招实现了三个同步增长，即高等教育生均经费投入实现了与招生规模的同步增长，高校生均固定资产与教学仪器设备实现了与招生规模的同步增长，规模明显扩大，结构有所改善，总体质量有所提高，是一种健康的发展。① 但是，从现实来看，这次的高校大扩招的负面影响的确在逐步显现，日益凸显的大学生就业难即为其中之一。原武汉大学校长刘道玉教授将这次的高校大扩招看作是"新的教育大跃进"。他认为，这次的高校扩招与20世纪50年代的教育大跃进相比甚至有过之而无不及。近年来，我国经济发展速度大体控制在10%左右，可是大学扩招速度平均为25%，最高的年份竟然达到49%。发达国家大学大众化经历了半个世纪，而中国用8年时间就实现了大众化，这不是冒进和浮夸又是什么？大学扩招超过经济发展速度15个百分点，怎能不造成就业困难？我国研究生在校人数已超过100万，为世界

---

　　① 参见上海市教育科学研究院智力开发研究所：《新时期中国教育发展研究1983～2005》，上海社会科学院出版社2006年版，第470页。

之最,这是以牺牲质量来换数量。刘道玉教授认为,我国目前大学中的乱象隐藏着极大的危机,主要是质量危机、学风危机和财经危机,并预言这些危机 15 年后会彰显出来。① 还有人认为,这次高校大扩招是由一些经济学者从扩大内需、拉动经济增长的角度出发提出来的,也就是说,高校扩招政策是为解决经济问题而出台的一项措施,教育部门只不过成了这项政策的实施者。该论者从政策的角度出发,认为高校扩招政策的决策过程本身就存在着一些不足,如决策过程透明度不足,导致决策品质令人怀疑;政策问题分析深度不足等等。②

教育发展中的数量与质量之间的矛盾源于教育资源的有限性,而导致数量和质量之间的失衡则源于人们(主要是某些领导者)的一种观念,什么都是越多越好,学校越多越好,学生越多越好,也即一种极端超前的教育"左倾"观念。相比于质量,数量更加确定,更好衡量,更具操作性,在某些人看来也更能说明问题,更能在短期内显现出"成绩",于是他们患上了"数字狂热症"③,盲目追求数量的扩张,而更为根本的质量问题却由于种种原因而被淡忘了,或者说是他们不愿去触及。

(二)教育结构的失衡

教育结构是教育系统内部各个部分、各个要素相互联系和相对稳定的组合方式,它存在于各层次、各科类、各专业、各种形式的教育之中。从大的方面说,包括基础教育与高等教育之间、普通教育与职业教育之间的合理、均衡设置;从小的方面来说,包括学校特别是高校布局区域的均衡,以及专业结构、学科设置的均衡。以高校布局区域结构均衡为例,我国的高校布局

---

① 参见 http://learning.sohu.com/20070604/n250379477.shtml。
② 参见杜萍:《对高校扩招的政策学分析》,载袁振国主编:《中国教育政策评论》,教育科学出版社 2000 年版,第 153~166 页。
③ 注:这可以从一些学校(特别是大学)的简介中看出,如占地多少亩,在校人数多少万等,以学校大、在校人数多为自豪。

存在严重失衡现象。在我国由于地理的因素以及一些历史的因素,东西部地区在高校布局和高教体系方面存在严重失衡,如下表:

1999年中国东西部不同类别高校数的区域对比(单位:所)

地区	合计	综合大学	理工院校	农业院校	林业院校	医药院校	师范院校	语言院校	财经院校	政法院校	体育院校	艺术院校	民族院校
全国	1071	74	268	47	7	118	227	15	74	25	14	29	12
东部	512	35	134	18	4	54	87	13	35	14	9	20	3
西部	203	15	47	12	0	22	70	2	11	4	2	6	7

资料来源:根据中国统计出版社2000年版《中国统计年鉴》,P659-660信息统计而得。转引自夏再兴著:《中国"教育过度"问题研究》,人民出版社2005年版,第124页。

从表中数据来看,1999年,中国共有大学1071所,占全国14%面积和40%的人口的东部拥有47.8%的高校,而占全国人口25%和全国国土面积56.7%的广大西部地区仅拥有全国18.9%的高校。从人口的角度分析,东部每99.6万人就能平均拥有一所大学;而西部地区则是147.78万人才能拥有一所大学。[①] 可见全国高校的地区分布失衡现象是很严重的。此外,从高校类型来看,综合大学、理工院校均相对集中于东部地区。高校结构布局不合理,还会产生一个后果,即高校过于集中的大城市毕业生不愿离开城市,不愿回到自己相对落后的生源地或其他急缺人才的地方,造成大城市"人才拥挤",而中小城市和农村(特别是西部地区)又极缺人才。

三、教育改革对人的发展的阻滞

教育的目的应该是促进人的发展。人的发展又应该是一种什么样的发展

---

① 夏再兴:《中国"教育过度"问题研究》,人民出版社2005年版,第124~125页。

呢？在马克思看来，人的发展应是一种全面而自由的发展，"人以一种全面的方式，也就是说，作为一个完整的人，占有自己的全面的本质"[①]。他所认为的人的全面发展包括了三层含义：个体本性的自由全面发展；个体与社会的协调发展；部分人与社会所有成员的协调发展。裴斯泰洛齐强调人的发展应是一种和谐的发展。裴氏曾对他那个时代的学校进行过尖锐批评，他叹息道："世间有文法学校、书写学校、海德堡学校，可就是没有人的学校。"[②] 小原国芳认为，教育应培养完人，塑造和谐的人格。在他看来，完人的内容或者说价值体系主要包括心身两个方面。心包括知、情、意，与之相对的价值是真、善、美；身包括生存、活动力，与之相对的价值是健、富。显然，人的发展是人作为一个整体的发展，而不是某一方面的片面发展。马克思关于人的全面发展的内涵则更为丰富，不仅强调人自身各种潜能的发展，而且还强调人的发展与社会的发展之间的协调。

从应然的角度讲，教育改革是一项"革故鼎新"的活动，其目的在于通过革除教育中存在的种种问题，使不好的教育变好，使一般的教育变得更好，从而更好地促进人的发展。但是，从实然的角度来看，教育改革作为一项人为的实践活动，它既能促进人的全面发展，也能阻碍人的全面发展，关键在于以什么为价值取向。某些教育改革由于指导观念的偏差，过于注重人的某一方面的发展。例如，1981年，国家颁定了中小学教学计划，明显的特征是：理科课程大大超过了人文课程，物理、化学、生物的科学课程的总课时大大超过历史、地理的课时。这套课程体系，一方面为整顿、恢复教育秩序提供了标准，另一方面也适应当时高考入学考试的需要，求得一个统一的测量标准。但是不久，这种学科中心主义的课程体系的固有弊端就暴露出来了：①面对无限增扩的新知识，中小学的学科门类开始扩大，只做加法，不做减法。

---

① 《1844年经济学——哲学手稿》，《马克思恩格斯全集》第42卷，第123页。转引自瞿葆奎主编：《教育与人的发展》，人民教育出版社1989年版，第97页。

② 转引自瞿葆奎：《教育目的》，人民教育出版社1989年版，第302页。

学生的学业负担日益沉重,学生的学业成绩分化,全面发展受到损害;②这种以知识传授为中心的课程,脱离现实生活和生产实际的需要,而只为上一级学校"输送人才"。这样,大部分中学生在走上生产岗位时缺乏基本的技能,学校教育脱离实际的现象受到越来越多的批评;③在这种课程和体制下,学生的智力、能力都得不到发展。通常所说的"能力"都被曲解成为解题的技能技巧,是为升学而发展的一种应试技能。① 这次的课程改革是在"文革"之后进行的,在某些方面是对"文革"教育革命的反拨。"文革"期间采取的是一种极端的经验主义,只讲实践生产而忽视教学。"文革"之后,"科学技术是生产力"得到了确认。科学技术是第一生产力,而教育是基础,改革教育成为必然。但如何改却似乎又显得过于功利主义,物理、化学、生物等学科相对于历史、地理等学科与科学技术具有直接的联系,因而占有更多课时。另外,过于强调学生学科知识的学习,以应试为取向,忽视学生其他方面能力以及情感、态度的培养。这种以应试为取向,以学科知识为中心的教育改革,对学生的现实生活世界缺乏关照,培养出来"高分低能"、"高智商低情商"、缺乏社会责任感的人在现实社会中并不少见。这不能不说是一种悖论:一方面高喊着教育要以人的全面发展为最终目的,另一方面却扎实地培养着"单向度的人"。

当然,不当的教育改革措施不仅会对学生的发展造成损害,对教育中的其他人,例如教师,同样会造成损害。但本书着眼点在学生,所以分析着力点也在学生。

---

① 杨玉厚:《中国课程变革研究》,陕西人民教育出版社1993年版,第396页。

第二章　教育改革代价的根源

教育改革代价的产生是不可避免的，那么，教育改革为什么会产生代价呢？我们可以给代价一个操作性的定义，是否意味着能找出产生教育改革代价的一般性根源呢？纵然代价的表现形式是多种多样的，但我们仍可以找出产生代价的一般性原因。

具体而言，是哪些因素导致了代价的产生呢？从已有的研究来看，许多研究者已经就此问题进行了探讨。

有人认为，代价的普遍性和必然性，首先是由事物的对立统一决定的。正是客观上存在于社会系统与自然环境之间的矛盾关系和社会系统内部的各要素之间的矛盾关系，造成了代价的不可避免性。其次，人们改造世界的实践活动总是不断地由自发向自觉移动，从而使人不断地由必然王国向自由飞跃，这种过程也决定了代价的普遍性和必然性。

有人认为，代价从本质上讲根源于价值形态的复杂性及其内在矛盾。由于价值形态的复杂性及其内在的矛盾性，使人们在优先满足某种需要的同时，往往忽略、否定乃至牺牲其他合理的正当的价值要求，这是代价产生的客观原因。而历史主体选择的盲目性则是代价形成的主观原因。

有人认为,从根本上说,历史所要解决的矛盾有两个方面,一是人与自然的矛盾,二是人与社会的矛盾。代价成因就存在于人类解决这两类矛盾的过程中。在解决人与自然的矛盾中,自然条件的束缚和限制是形成代价的客观原因,主体的失误、认识的错误、行为的失当等是代价形成的主观原因。在解决人与社会的矛盾中,社会关系对人的束缚与强制是造成代价的客观原因,主观错误特别是对社会发展过程和规律认识的盲目性是代价形成的主观原因。并且,随着社会的进步,由自然和社会关系的束缚所造成的代价会越来越少,而由于人的失误所造成的代价则会越来越大。

有人认为,代价本质上体现的是人类生存方式实现的内在矛盾性。这个矛盾可以通过如下几个方面加以说明:一是社会历史发展的客观性制约性与人的自觉选择性之间的矛盾。主要是:整体利益与局部利益的矛盾,眼前利益与长远利益的矛盾,人的价值和物的价值的矛盾。二是主体认识的局限性同人类活动的现实性之间的矛盾,这一矛盾导致代价由可能性向现实性转化。

有人认为,劳动本身所包含的矛盾即劳动作为人的本质力量的确证和展现的方面和劳动作为人类获取物质财富手段的方面在一定条件下的矛盾是代价产生的根本原因。这个根本矛盾又体现在个体与群体之间、群体与群体之间的矛盾,发展的价值目标之间的矛盾,不同价值主体评价标准之间的矛盾,这些都是代价产生的重要根源。

有人认为,主体之间的差异以及由此而形成的价值分歧和冲突,使代价成为可能,价值客体的多元性决定了代价付出的必要,实践的时代局限性使代价成为现实。

有人认为,代价有必然性代价和人为性代价的区别,二者产生的原因各不相同。必然性代价的内在客观根据是:①发展目标上应然与实然之间的矛盾,即应然角度发展目标的全面性与实然角度发展目标的主导性矛盾;②发展手段上的实然与应然之间的矛盾,即应然角度手段的理想性和综合性与实然角度手段的受限制性和单一性的矛盾;③发展成本的有限性,即在一定条件下有限的资源只能投入某一发展目标而无力投向其他目标；④发展主体之间存在矛盾，从而使一部分发展以另一部分的利益受损为前提；⑤发展所引起的新旧社会秩序的冲突使社会出现某种失控和无序状态。就人为性代价而言，其产生的根源，一是认识主体的认识相对性和局限性；二是某些人的主观失误和不良的思想品德。

有人认为，代价既源于社会发展的客观必然性，又源于社会主体自身。从社会发展的客观必然性角度看，代价首先源于社会系统间的非耦合性。特别是社会结构的变迁，会不可避免地加深社会各部分的非耦合性而促使社会付出更大的代价。其次源于社会运行中不断出现的不平衡。在社会变革时期，这种不平衡表现得尤为突出，因而也是代价付出最为昂贵的时期。从社会主体自身的角度看，代价产生的根源主要有：人类未能合理估价自身的主体功能，未能正确处理好自觉能动性与客观规律性之间的关系；未能妥善处理好自身所处的社会关系，未能遵循社会和谐发展的普遍规律；人类主体认识能力和实践能力具有局限性。

有人认为，社会历史条件的束缚和限制是付出社会代价的客观原因，这里的社会历史条件是指主体活动所碰到的一切现存的社会要素的总和，主要包括经济条件、政治条件、精神文化条件。主体在改造自然和社会过程中对事物发展内在规律认识的盲目性以及思想的滞后性等是社会代价产生的主观原因。[1]

---

[1] 以上参见张道全：《当代中国改革的代价研究》，南京师范大学2005届博士学位论文电子版。还可以参见以下论文：罗元：《代价问题探索》，载《思想战线》，1988（3）。刘怀玉：《马克思的"历史进步代价理论与发展问题》，载《哲学研究》，1993（6）。孔圣根：《谈历史进步的代价》，载《北京社会科学》，1994（3）。李钢：《试论代价及其本质》，载《哲学研究》，1996（3）。鲁明：《简论代价的种类及根源》，载《哲学研究》，1996（3）。龙柏林：《关于代价的哲学思考》，载《党政干部论坛》，2000（6）。韩庆祥：《代价论与当代中国发展》，载《中国社会科学》，2000（3）。贺善侃：《社会发展代价的实质及支付原则》，载《学术界》，2000（8）。毛国芳：《社会代价的历史成因》，载《华中农业大学学报（社会科学版）》，2001（2）。

张道全在分析有关论者的代价产生原因之后，将代价的成因划分为三类，分别为：认识论根源，源于认识的相对性和历史局限性；价值论根源，源于改革中的价值矛盾和价值冲突；政策性根源，源于政策选择和决策失误。[①] 应该说，这种分类比较全面，但本书认为，如果将这种一般而论适用于解释教育改革代价产生的原因是存在一定局限性的，缺乏应有的针对性。因为从教育改革代价最基本的分类来说，它可分为必然性代价（不可避免会产生）和或然性代价（通过一定的努力可以减少或规避）。[②] 这两种教育改革代价所产生的原因并非完全一致，如果一概而论难免会有所遗漏和缺乏针对性。因此，要全面认识教育改革的代价，需要对其进行分类讨论。

第一节 必然性代价及其根源分析

教育改革中的必然性代价是指在改革的实施过程中不可避免要付出的，甚至是教育改革主体主动付出的代价（在不得已的情况下，如价值不可兼得），因而它具有一定的客观性与必然性。在某种程度上说，必然性代价也是一种合理性代价。值得警惕的是，必然性代价的合理性只是表现在它的质上，即代价必然要付出，而不是指量，即代价的大小。要防止某些缺乏道德责任感的改革者将代价必然要付出当作借口，随意付出代价，以至于造成巨大损失。

改革为什么会付出代价呢？这是因为改革是由人进行的探索性实践活动。

[①] 张道全：《当代中国改革的代价研究》，南京师范大学 2005 届博士学位论文电子版。

[②] 注：有人认为必然性代价是与人为性代价相对应的，但是，正如前面所言，代价都是人为造成的，因此这种划分是有问题的。必然代表一定会发生的，那么，与之对应的应该是可能会发生的。因此，本书认为，必然性代价是与或然性代价相对应的。

一方面由于改革者自身的各种因素，另一方面由于改革本身的复杂性。对于必然性代价的产生来说，这两方面的影响因素主要在于教育改革决策影响因素的多维性与教育改革实施过程的复杂性。

一、教育改革决策影响因素的多维性

决策，即政策的制定过程，是一个复杂的过程，受着多方面因素的影响。美国学者戴维·伊斯顿（David Easton）认为影响政策制定的主要因素来自两方面：一个存在于工作环境中，另一个存在于"黑箱"中。工作环境因素可称之为政策环境因素，其中社会政治、经济环境与教育环境是最主要的影响因素；"黑箱"具体包括决策人物与决策组织。[①] 如果以教育改革决策者为考察中心，我们可以将这两个因素归为影响决策者决策的外部因素以及决策者自身因素对决策的影响（可视之为内部因素）。

（一）影响教育改革决策者决策的外部因素

决策者，无论是个体还是组织或团体，都生活在一定的社会环境中，他们不可能脱离社会这个大的背景进行决策。社会环境包括自然环境和社会环境。其中自然环境是指一个国家的地理位置、面积大小、气候条件、山川河流、矿产资源等。教育改革需要耗费一定的自然资源，因而决策者必然要从本国的实际情况出发制定教育改革政策。社会环境是一个更为复杂的环境，包括一定时期的政治、经济、文化、人口、国际关系等方方面面的因素，这些因素都会在不同程度上影响决策者的决策。相对于决策的自然环境，社会环境是更为关键的环境，对决策具有决定性的作用。肖刚等人从不同方面分析了社会环境对政策制定的影响。[②]

1. 从政治环境来看，教育改革决策在许多方面都受到政治的影响。第

[①] 转引自肖刚、黄巧荣：《影响教育政策制定的因素分析》，载袁振国主编：《中国教育政策评论》，教育科学出版社2000年版，第79页。

[②] 同上，第80~84页。

一，政治影响教育改革决策目标的确定。不同国家、不同时代对教育改革与发展所提出的要求是不一样的。教育的阶级性决定了它必须服务于统治阶级的利益，决定了教育改革要体现统治阶级的利益、理想。这样，资产阶级国家的教育改革决策目标必然不完全同于社会主义国家的教育改革决策目标。第二，政治影响教育改革决策的方式。决策的方式一般可分为精英决策与民主决策。在集权国家，一般采用的是精英决策；在民主国家，一般采用的是民主决策。第三，政治影响决策的质量和效率。良好的政治体制能为决策提供良好的决策环境，如为决策的反馈提供有效的沟通机制，从而提高决策的质量和效率。第四，政治影响决策方案的选择。教育改革关系到教育资源的重新分配，选择不同的方案，意味着不同的资源分配。决策方案的选择受制于政治，政治规定了不同阶级和社会集团及其成员占有教育资源的机会、权利的差异。

2. 从经济环境来看，经济状况是教育改革决策的物质基础。一个国家一定时期的经济状况是决策者在进行决策时必须要考虑的，如教育规模的扩大、教育结构的调整等如何适应经济的发展，以及教育规模扩大后所产生的不同教育程度的毕业生如何为社会所吸纳。

3. 从教育环境来看，教育的传统与现状以及一定时代的教育理念是教育改革决策的现实依据。一定时期的教育总会或多或少地受到一国教育传统的影响，完全否定历史、与传统相割裂的教育改革在教育发展的历史长河中毕竟是少数。从现实的因素来看，教育的现状往往是教育改革的动因之一，需要决策者在现实的教育需要的基础上来进行决策。除以上两个因素外，教育的理念也会影响决策者的决策。教育理念是随着社会的发展而发展变化的，而这种发展变化会反映到教育改革的决策中来，例如终身教育理念、学习型社会等新理念的出现对当今教育改革决策的影响。

此外，社会舆论、国际环境等也会在不同程度上影响教育改革决策过程。影响教育改革决策过程的这些外部因素决定了决策过程的复杂性。

(二) 教育改革决策者自身因素对决策的影响

教育改革决策不仅受到复杂的外部因素的影响，还受到决策者自身各方面因素的影响。这里的决策者既可以是组织，也可以是个人。因此，从决策主体的构成来看，我们可以从组织和个人两个方面来分析决策者自身因素对决策的影响。

1. 从组织层面来看，组织的各种要素会对决策产生一定的影响。肖刚等人从组织管理、智囊团、组织中的人际关系以及组织文化等角度分析了组织对决策过程的影响。① 以组织管理为例，决策组织管理又包括组织的人员结构和管理结构两方面。其中组织人员结构包括知识结构、年龄结构、性格结构等方面。当然，除这些结构外，组织的人员构成结构也会影响到决策过程。米切尔·黑尧（M. Hill）认为，主要的决策主体包括当选的政治家、任命的文官以及能够介入决策过程的压力集团代表。② 显然，这些不同的主体在决策过程中所起的作用是不相同的，而他们之间的利益冲突会对决策造成影响。管理结构则包括组织程序、管理幅度和层级、组织机构的设置等方面。

2. 从个人层面来看，决策过程受到决策者的理性与非理性因素的影响。就理性因素而言，决策会受到决策者的知识、认知方式以及思维方式等的影响。例如，从知识的角度来看，人们所获得的知识并非都是永恒不变的真理。卡尔·波普尔就明确指出，所有的知识，不仅是科学知识，在实质上都是"猜测性的知识"，都是可证伪的。批判理论的代表人物之一霍克海默始终强调知识的暂时性及其有限性的本质。他认为，没有任何事实的景象是客观的或完全的，所有思想和认知都是基于历史和人类的利益而形成的。这种对于

---

① 肖刚、黄巧荣：《影响教育政策制定的因素分析》，载袁振国主编：《中国教育政策评论》，教育科学出版社 2000 年版，第 87~96 页。
② ［英］米切尔·黑尧著，赵成根译：《现代国家的政策过程》，中国青年出版社 2004 年版，第 92 页。

确实性的否认意味着对任何理论的"通用公式"的排斥。① 因此,美国经济学家赫伯特·A. 西蒙(H. A. Simon)认为决策并非像古典经济学者所认为的那样是完全理性决策。由于人类的理性是有限的,这决定了决策充其量只是一种有限理性决策。就非理性因素而言,决策者的决策还会受到个人的经验、价值取向、情感等因素的影响。

由上可见,影响教育改革决策的内外因素是多方面的,也是复杂的,任何企图做出完美决策的愿望都是不切实际的幻想。任何决策都只能看作是面对未来不确定性的风险型决策,这就决定了教育改革代价在某种程度上是不可避免的。

二、教育改革实施过程的复杂性

正如现象学方法主张"悬置偏见"、"回到事物本身"一样,要真正认识教育改革代价的产生根源,必须研究教育改革本身,这是前提性的问题。教育改革自身所具有的因素是否也会在某种程度上产生代价呢?答案是肯定的。"所有真正的变革都包含着损失、焦虑和争斗"②。从本质上来说,教育改革是一项复杂的社会实践活动,它的复杂特性会在不同程度上影响教育改革者对改革的实施,从而可能导致代价的付出。教育改革实施过程的复杂性体现在三个方面:一是从其自身来看,教育改革的实施是一个动态过程,具有不确定性和复杂性;二是从教育改革的本质来看,教育改革是一个价值负载的过程。在改革的实施过程中,由于各种价值之间存在着的冲突无疑会增加改革的复杂度;三是从教育改革与社会环境来看,教育改革受一定社会的经济、政治、文化等因素的影响,这些因素在不同程度上增加了改革过程的难度与

---

① [英]雷克斯·吉普森著,吴根明译:《批判理论与教育》,台湾师大书苑股份有限公司1988年版,第40页。
② [加]迈克尔·富兰著,赵中建等译:《教育变革新意义》,教育科学出版社2005年版,第30页。

复杂度。

(一) 教育改革的实施是一个动态的过程，具有不确定性

教育改革的实施过程是一个复杂的动态的非线性过程。加拿大教育改革专家迈克尔·富兰将改革的实施看作是个人或组织的学习形式。从学习的视角看，实施成了非常艰巨的任务。不能简单地通过宣传来完成，也不能假定宣传就一定能到位。将思想融入实践是一个更为复杂的过程。① 因此，富兰将变革看作是一个旅程，充满了不确定性、焦虑和困难，而不是一个蓝图。霍尔等则将变革看作是一个过程，而不是一次事件。他们认为，如果把教育改革当作一次事件，那么只需某位领导发表一次演讲，或短期培训教师，或向学校提供新课程或新技术，改革便能获得成功。②

从实际的改革看，改革的确不是一次事件，它是一个过程，一个动态的实践过程。改革的实施总是发生在具体的场景中，有一点不清楚，就可能导致大的混乱。一项改革政策，即便在国家层面相对清晰，在落实到具体的学校时可能会引发很多问题。富兰就曾说过，实际的改革过程"详细而且零乱"③。其一，教育改革，特别是自上而下的教育改革，其实施主体是多层次、多元的复合体，而从政府的改革政策到个别学校或课堂还有很多步骤，众多的实施者对政策的理解、认识并非完全一致，会因为他们的知识、技能和志向的不同而有所不同，以至于有关政策的信息在层层的传递过程中存在流失的可能。例如，戴维·科恩（D. Kohen）指出，在美国，由于实行的是教育分权制管理，使得政策的实施在全国的实施变得异常困难。联邦政府的意图可能被州政府修改，到了地方又会被学区、学校乃至于学校的每一位教师所

---

① 转引自［加］莱文著，项贤明、洪成文译：《教育改革——从启动到成果》，教育科学出版社 2004 年版，第 150 页。

② ［美］吉纳.E.霍尔，雪莱.M.霍德著，吴晓玲译：《实施变革：模式、原则与困境》，浙江教育出版社 2004 年版，第 6 页。

③ ［加］迈克尔·富兰著，中央教育科学研究所、加拿大多伦多国际学院组织翻译：《变革的力量——透视教育改革》，教育科学出版社 2000 年版，第 12 页。

不断修改。① 因此，很难想象实际实施的状况能够与政策的当初意图完全一致。在分权制的国家如此，在同一性较高的英国和新西兰，国家政策和地方实施也同样会出现很大差距。总之，对政策的理解的分歧越大，实施可能遇到的阻力就会越大，产生代价的可能性就越大。其二，教育改革所涉及的变量是多方面的。改革并非只是一个将新的、经过深思熟虑的理念付诸实践的线性行为，还涉及课堂文化、学校文化、社区文化以及大学文化的变革，而正是这些变量决定了实际的教育改革是一个开放的、动态生成的过程。在改革的每一阶段都会存在无数相互影响的因素，这些因素的相互作用所产生的结果又会对前后阶段产生影响，从而产生一系列的交互作用，导致教育改革的实际结果与预期结果产生偏差，甚至出现一些"反常效果"。例如，根据学生的不同水平进行分流教育，曾被认为是一个公平的做法，主要基于两个原因：一是按照学生情况将每一个人编入人力市场上某一个适当的职位，故能为国家提供各式各样合格的劳动力；二是学校基于学生的才能、表现和勤奋程度来进行分流，故能提供最适合学生能力的教育。然而，事实表明，分流既不能提供均等的教育机会，也不能为社会提供受过良好教育的雇员。因为往往是低收入家庭学生占了分流层中低层学位的大多数，当中少有人可于稍后被升往高层。低层者往往要忍受负面标签所带来的白眼。② 其三，改革本身会造成各种冲突，如各利益群体之间的冲突，创新与传统之间的冲突，借鉴与国情的适切性等等，这些都有可能导致改革的低效，甚至无效，有可能改变改革的方向或导致与初始的改革宗旨背道而驰。

教育改革是一个手段—目标理性（means-ends rationality）和对混沌的体悟相融合的过程。"我们既不能忽视手段—目标理性（means-ends rationality）

---

① 转引自［加］莱文著，项贤明、洪成文译：《教育改革——从启动到成果》，教育科学出版社 2004 年版，第 145 页。

② 黄显华、霍秉坤：《寻找课程论和教科书设计的理论基础》，人民教育出版社 2002 年版，第 54～55 页。

的重要性,也不应忽视生活中潜藏的偶然性,这两方面都必须融入到一种适当的理论解释中去"[1]。一方面,教育改革设定适当可行的目标是非常重要的,否则就没有理由进行改革。因此,在进行决策时,对改革的预期结果进行细致的考虑是绝对必要的;但另一方面,我们又要充分认识到,在改革的实施过程中,由于各种因素的交互作用,致使教育改革成为一个不确定的过程,要预期一项重大改革项目所能取得的所有效果是不可能的,会出现一些难以预料的"枝节问题"。虽然并非所有的"枝节问题"都是代价,但不可否认,一部分"枝节问题"的确会产生代价。可以说,教育改革的过程就是一个不断解决旧问题,又不断生成新问题的过程(解决问题的办法或手段本身有可能产生新的问题)。教育改革是一个异常复杂的过程,其结果是很难精确预测的,因此,试图去规划改革的精确轨迹在现实中是行不通的。

(二)教育改革中存在着价值冲突

"价值"一词最初的意义是某物的价值,主要指经济上的交换价值。价值最初并未被纳入到哲学领域,19 世纪时,在若干思想家(如新康德主义者 R. H. 洛采、A. 里奇尔等)和各种学派的影响下,价值的意义才被延伸至哲学方面更为广泛的领域。价值论创立的一个推动力在于康德对人的发现,"每个有理性的东西都必须服从这样的规律,不论是谁在任何时候都不应把自己和他人仅仅当作工具,而应该永远看作自身就是目的"[2]。人是目的而不是手段,康德由此确立了人在世界中的主体地位。价值论产生的意义在于为人类揭示了价值世界的存在,以及价值判断在人类认识中的作用,也开始成为社会科学进行自我反思的灵魂。近代,自然科学在人类知识体系中享有至高无上的殊荣。为了分享这份殊荣,也是为了证明自己分享的资格,被称为社会学创始人的

---

[1] [加]莱文著,项贤明、洪成文译:《教育改革——从启动到成果》,教育科学出版社 2004 年版,第 23 页。

[2] [德]伊曼努尔·康德著,苗力田译:《道德形而上学原理》,上海人民出版社 1986 年版,第 86 页。

A. 孔德力图使社会学如同自然科学一样,成为一门价值无涉的科学。但是孔德的这一信念几乎无人认可。美国社会学家 D. P. 约翰逊认为,社会学理论不能原封不动地照搬自然科学的目标和方法,我们必须承认社会现实是由社会加以制造的性质、它的主观范围以及它象征性的特征,使符合自然科学的模式在某种程度上变得很困难和很可疑。① 孔德试图建立社会的自然科学这一理想注定是无法实现的,社会学不可能是价值无涉的。"在社会系统科学里客观性只能通过具有不同价值观的个体团组织间的交互作用加以逼近。它是充满价值(value full)取向,而不是不带价值观判断的"②。

社会学无法摆脱价值判断,教育学作为一门"人学"、"生命之学",更无法做到价值中立。彼得斯说过,教育活动是有目的的价值活动,这种价值是教育过程内在的而不是外在的或附带的结果。那么,教育改革是一个价值中立还是一个价值关涉的社会活动呢?答案似乎已经不证自明了。从本质上说,教育改革是对教育进行的改革,是一项以人的发展、以社会的发展为目的的道德实践活动,不可能是一项纯粹的技术活动,由此来看教育改革更不可能是价值中立或价值无涉的,相反,它具有强烈的价值取向,是一项价值负载的社会实践活动。"课程改革作为课程文化资源的配置活动,它要解决的是谁有权作出课程决定、依据什么作出决定、就哪些课程要素作出决定和在作决定的过程中优先考虑谁的利益的问题。这些问题从根本上说是一个价值判断和选择的问题"③。课程改革是教育改革的核心,课程改革无法做到价值中立,教育改革同样如此。

在某种程度上可以说,教育改革就是改变教育资源在不同群体之间的利

---

① [美] D. P. 约翰逊著,南开大学社会学系译:《社会学理论》,国际文化出版公司1988年版,第84页。

② [英] 迈克尔·C. 杰克逊著,高飞、李萌译:《系统思考——适于管理者的创造性整体论》,中国人民大学出版社2005年版,第153页。

③ 胡定荣:《课程改革的文化研究》,教育科学出版社2005年版,第117页。

益分配格局和关系，而价值源于需要，形成了不同的价值主体利益需求，由此必须考虑到的是谁的价值、什么价值应该得到满足，而"谁"、"什么"则产生了教育改革中的价值冲突。价值冲突主要表现为两个方面：一是价值的冲突；二是价值主体的冲突。不同的价值主体有着不同的价值需求和追求。就教育改革而言，具体的价值冲突主要表现在以下几个方面：

1. 教育改革中主导价值与其他价值之间的冲突。

批判理论和后现代理论将主导价值看作是主导阶级和权威意志的产物，由此否定主导价值，主张教育改革价值的多元化。全球化带来了价值的多元化，无疑会对民族国家的权威价值形成冲击，在这种情况下，如何保持本民族的权威价值？在一个"平的世界"里，是否还存在一元化的价值？那么，教育改革是否需要主导价值呢？事实上，这里需要弄清楚什么是主导价值。有两种主导价值观，一种把主导看成是少数人的意志和利益的反映，看成是唯一的；另一种则把主导价值看成是建立在价值多样性基础上的价值共识，看成是集体和民主生活的基础，看成是社会共同利益的反映，看成是"和而不同"。[①] 在专制社会，一般持有前一种主导价值观；在民主社会，则持有后一种主导价值观。仅仅将主导价值看作是前一种是不可取的，在民主化程度越来越高的今天，教育改革应该持有后一种主导价值观，只有这样才能防止教育改革操纵在少数利益人或群体手中用以维护少数人的利益，才能真正保证教育改革的公正，保障弱势群体的利益以及公共利益。

在教育改革中，以某种价值为主导价值，必然还存在其他的一些价值，由此而形成一些价值冲突，例如现代教育价值与传统教育价值、教育价值与社会价值、精英教育价值和大众教育价值、个体利益与公共利益、公平与效率等等。代价的产生在某种程度上也源于选择；选择其中一种为主导价值，必然会以另一种或多种价值为代价。在这些价值难以兼顾时（如教育中的公

[①] 胡定荣：《课程改革的文化研究》，教育科学出版社2005年版，第153页。

平与效率问题),教育改革如何调和它们之间的矛盾与冲突呢?

2. 教育改革中的群体价值冲突。

有论者认为,群体的价值冲突主要表现在两个方面,一是东西方文化群体的价值冲突,一是教育改革主体之间的价值冲突。① 在中国的教育现代化过程中,一直存在着向西方学习的问题。当然,对世界上大多数国家和亚洲所有国家的现代化(包括教育)来说都是如此,"现代化进程要求他们按照少数西方国家首先采用的技术模式对自身进行修改和调整"②。从20世纪初,中国封建教育被迫向现代教育"痛苦"地迈进,到后来历经"学西方——学苏联——学西方"的过程,中国教育的现代化历程受着西方文化深深地影响,甚至如梁漱溟所说是"西方化对于东方化绝对的胜利,绝对的压服"③。他认为,东西文化存在根本的不同,而"当渊源不同、性质不同以及目标取向、价值取向不同的外来文化移入本民族文化时,就会由比较、竞争发展为对抗、冲突"④。的确,东西方文化之间存在明显的差异及冲突,如东方文化崇尚权威,而西方文化崇尚自由;东方文化看重社会,而西方文化看重个体。因此,在东西方文化共同作用下的中国教育现代化进程必然不同于单纯传统文化的影响。香港的教育即是同时受到东西方文化影响的一个典型。分析香港的教育改革文件,一方面可以看到中国传统的集体主义的价值倾向,另一方面也可以看到香港的教育强调学生的应变、好奇、求知、创造、自学、批判分析、问题解决、学会学习、多元能力、全面发展、力争优异、自信、探索、掌握知识、自我提高的欲望、认识到自我的潜能等,这些方面又反映出西方个人

---

① 胡定荣:《课程改革的文化研究》,教育科学出版社2005年版,第145页。
② [美]吉尔伯特·罗兹曼主编,"比较现代化"课题组译:《中国的现代化》,江苏人民出版社1995年版,第24页。
③ 梁漱溟:《东西文化及其哲学》,商务印书馆2003年版,第12页。
④ 郑金洲:《教育文化学》,人民教育出版社2000年版,第145~146页。

本位价值取向的影响。① 在教育改革过程中就存在如何调和东西方文化价值冲突的问题，既要学习西方文化中有价值的内容，又发扬中国传统文化中有价值的内容。

教育改革主体是多元的，其需要更具多元性、多层次性。由于人在本质上是一种理性与情感共有的存在物，不仅受理性的支配，而且受感情和偏见的支配，他们在追求共同目标的同时，还会为个人打算，企求谋取个人利益最大化。因此，即使教育改革主体同处于一种文化当中，也会由于价值的多样化而产生价值的冲突。在教育改革中必然存在不同教育改革主体之间以及不同利益个体或群体之间的价值冲突。正如罗伯特·伊万斯（R. Evans）所说，"变革几乎总是产生摩擦，既在个体之间，也在群体之间，因为它总是会产生胜利者和失败者，特别是在开始"，"当开始真正实施一项革新时，各种冲突，许多是很难预期的，可能会产生。当变革成为现实的而非理论上的时，一些人不可避免会比其他人获益多；一些人将他们的目标和哲学看作是合法的，而其他人的则被看作是不值得信任的（discredited）；一些人获得了影响力和权威，而一些人却失去了"②。

教育改革主体，宽泛地说就是参与教育改革、与教育改革有着某种联系的人或群体。有人根据个人在教育领域中的不同利益，将教育改革主体划分为不同的利益集团。③ 主要包括：学生及其家长、教育者（包括教师与学校行政管理人员）、知识工业（包括教育投资者、研究者、考试组织、出版界）和其他利益集团（工商界），以及国家或政府（包括中央与地方政府部门的教育行政人员）。

---

① Fok Shui Che. 2002. Values Analysis of Hong Kong's Educational Reform Proposals, *International Journal of Educational Reform*，11（3），200-215. 转引自胡定荣著：《课程改革的文化研究》，教育科学出版社 2005 年版，第 146 页。

② Robert Evans. 1996. *The Human Side of School Change*. The Jossey-Bass Inc. 36.

③ 马健生：《论教育改革过程中的利益冲突》，载《教育科学》，2002（4）。

无论是个体之间还是群体之间,他们的利益并非完全一致,甚至有时会完全相反。例如,从决策主体和实施主体之间的价值冲突来看,决策主体往往被看作理想主义者,而实施主体则被看作现实主义者。当某一项改革措施在实施的过程中出现问题后,决策者可能会认为是实施者执行不到位,而实施者可能会认为决策者的方案在现实中根本无法实现。富兰就说过,"决策者指责教师拒绝变革,而教师则抱怨说管理者只是为了他们自我权力的扩张而引入变革,而且这些管理者既不知道需要什么,也不了解课堂情况。"① 伊万斯也表达了同样的观点:"教师将变革看作是管理者为了自己的目标而强加于他们的东西,其只会使课堂生活变得复杂。"② 理想与现实之间难免存在差距,孰是孰非很难说清楚。黄显华等人在对香港课程的普及与筛选价值进行分析时也发现,课程设计者认为课程属于普及性质,而课程使用者多认为课程属筛选性质。③ 再如,个人、群体、国家三者在教育改革中具有自己明确的利益追求,不同利益需求导致了三者之间的价值冲突。曹诗弟在其《极左时期的农村教育(1957~1977):一个具有国际影响的社会试验的成功和失败》中提到,"极左"时期的农村教育改革的目标在于三个方面:第一,让乡村下层农民有更多的机会接受教育;第二,加强学校系统内的政治灌输;第三,使教育与乡村经济生活息息相关。曹诗弟认为,左派改革者在第一方面取得了成功,而在第二、三方面却失败了,其失败的原因主要在于教育改革者忽视了学生和家长对教育的期望,即农村孩子来上学的主要目的是为了脱离农业生产,而不是为了成为更好的农民,在决定教育改革的命运时起着举足轻重的作用。中国农民不会基于教育是否符合全球经济竞争的抽象原则来评判教育

---

① [加]迈克尔·富兰著,赵中建等译:《教育变革新意义》,教育科学出版社2005年版,第3页。

② Robert Evans. 1996. *The Human Side of School Change*. The Jossey-Bass Inc. 36.

③ 黄显华、霍秉坤:《寻找课程论和教科书设计的理论基础》,人民教育出版社2002年版,第262页。

的好坏，就像他们也不会评判毛泽东时期的教育改革是否发展了社会主义一样。他们看待教育改革是相当实用的。他们主要是设法找出一条路来让他们的孩子在新形势下有一个更好的未来。① 教育改革如果忽视他们的这种需求，无疑会招致失败。此外，还有群体与群体、地区与地区、城市与农村、民族与民族、不同人种（美国的黑人、白人）之间，在有些国家还存在不同宗教信仰群体之间源于不同利益需要而在教育改革中产生的价值冲突。

俗话说，"众口难调"。面对这么多的价值冲突，教育改革决策很难得到所有人的一致赞同，因而教育改革很难做到满足所有人的价值需要，而只能是在满足一部分人或群体的价值需要时，损害到其他一部分人或群体的价值，由此必然会导致一部分人付出代价。

3. 从教育改革的具体措施来看，存在不同措施之间的价值冲突。

在教育改革中，不同的改革措施之间也存在着价值冲突。吴康宁教授通过对我国《九年义务教育小学语文教学大纲（1992）》的分析结果表明，课程目标、课程结构、课程内容和课程实施在主流意识形态或价值的体现上存在不一致的现象。② 黄显华在对香港课程的普及与筛选价值进行分析时发现，香港的文件课程除课程目标是属于普及课程外，其他课程要素均属于筛选性质或介于筛选与普及之间，如课程组织是属于分科设计；学习内容和活动方面则忽视学习者的个别差异等。欧用生对台湾地区现行课程改革文件的分析表明，台湾九年一贯课程的三项基本内容是课程目标重视基本能力、课程内容重视统整和强调学校本位具有进步主义的色彩，反映了课程的民主化的价值；而能力导向的课程是行为主义的，反映了政府对课程的控制的要求和工具理

---

① 曹诗弟：《极左时期的农村教育（1957~1977）：一个具有国际影响的社会试验的成功和失败》，载丁钢主编：《中国教育：研究与评论》（第4辑），教育科学出版社2003年版，第69~70页。

② 吴康宁：《价值的定位与架构：课程目标的一种社会学释义》，载《教育科学》，2000（4）。

性的价值。①

为什么不同的教育改革措施之间会出现价值冲突呢？主要的原因在于，不同的改革措施可能体现的是不同的教育理念，而这些理念之间本身就存在某些冲突。如果协调不好不同措施之间的矛盾，可能使一项教育改革产生一些"内耗"，从而付出代价。

（三）教育改革与社会环境之间的复杂关系

教育改革受社会环境的影响不仅体现在决策阶段，同样也体现在改革的实施过程之中。在杜威看来，教育改革包括社会和它的制度、传统、习俗的所有方面。如果我们要进行系统的变革，社会的每一层面，文化的每一方面，以及正规与非正规教育的所有特征都应该得到审视。② 教育作为社会生活重要的组成部分，它是随着整个社会经济、政治、文化的发展、变革而发展、变革的。事实上，我们也不可能离开社会的发展变化来孤立地理解教育，理解教育改革，改革环境的变化会使得已经决定了的改革变得不确定。从中外历史来看，每一次的教育改革都是发生在不同的社会背景下的，也即发生在不同的"场域"中，总会受到当时当地的政治、经济、文化等因素的影响，"宽广的历史、文化、经济和政治力量形成和决定着教与学的发展。这种影响是持续不断的，并且能够说明导致课程改革的竞争和冲突性质的原因"③。教育作为社会这个复杂巨系统中的一个子系统，必然与社会发生复杂的交互作用，既受到社会给予它的影响，也对社会产生着反作用。

从政治层面来看，政治对教育改革的影响是非常明显的，如什么样的知识将选入教材、什么样的价值观将传输给下一代以及要培养什么样的人才等

---

① 《台湾九年一贯教育课程总纲纲要及其评价》，人民教育出版社（内部资料），2000。转引自胡定荣：《课程改革的文化研究》，教育科学出版社 2005 年版，第 147 页。

② Douglas J. Simpson, Michael J. B. Jackson. 1997. *Educational Reform：A Deweyan Perspective*. New York and London：Garland Publishing, Inc. Preface xx.

③ Moon, B & Murphy, P.. 1999. *Curriculum in Context*. London：Open University. p.1. 转引自胡定荣：《课程改革的文化研究》教育科学出版社 2005 年版，第 3 页。

都受到政治的影响。此外，政府的更迭，领导人的易位，不同党派之间的竞争都会对教育改革产生影响，教育改革受着更为广阔的政治改革的牵制。

从经济层面来看，经济虽然不是影响教育改革成败的唯一因素，但经济的影响却是不可小觑的。"我们很难想象任何重大的教育改革不伴随着大量资金的注入。没有财政的润滑剂，要移动教育齿轮，这架机器就会产生巨大的噪音"①。教育改革不是"纸上谈兵"，它需要大量的财力、物力的支持。经济对教育改革的影响主要在于提供改革所需经费，促进教育规模的扩大，改善办学条件，提高办学水平。另外，经济也通过对人才的需求来促进教育改革。经济的扩充需要更多的技术工人，技术上的变革促使传统的专业发生变化或产生新的专业。《学会生存》中就提及，"从早期的工场到产业革命，从明治维新到第一个苏维埃五年计划，巨大的经济运动总是伴随着教育上的扩展的。今天的许多事实证明，经济发展的要求和新的就业机会的出现强烈地激起了教育上的扩张。"②

从文化层面来看，历史、传统、习俗等文化因素对教育改革的实施具有强大的影响力，一个社会的主流文化及其变化也必然会影响到教育改革。这可解释为什么在一国能够取得成功的教育改革在另一个国家也许会失败。原因有二：其一，不同的文化决定了人们会对同一教育改革措施抱有不同的好恶态度和取舍倾向。其二，不同的文化决定了人们对同一改革措施，具有不同的心理承受能力。每种文化都包括一套用来评价某类特定事物好坏的尺度系统。③ 文化对教育改革的影响已经越来越为人们所重视，任何忽视文化影响的教育改革都难以成功。

---

① ［加］莱文著，项贤明、洪成文译：《教育改革——从启动到成果》，教育科学出版社 2004 年版，第 15 页。
② 联合国教科文组织国际教育发展委员会编著，华东师范大学比较教育研究所译：《学会生存——教育世界的今天和明天》，教育科学出版社 1996 年版，第 53~54 页。
③ 傅维利、刘民：《文化变迁与教育发展》，四川教育出版社 1988 年版，第 9 页。

此外，教育改革还受一个国家人口的数量及其分布、种族构成以及地理范围等因素的影响。从大的社会背景来看，还受到其他国家社会政治经济发展的影响。总而言之，教育改革的实施无法脱离其发生的独特"场域"，而这个"场域"中的各种因素都有可能阻碍教育改革按照理想状态进行。教育改革与社会之间的复杂关系是产生代价的一个必然因素，如果能妥当考虑和处理它们之间的复杂关系，是有可能减少必然性代价的。

第二节 或然性代价及其根源分析

或然性代价是指由于人们的主观错误或实际操作失误所造成的与预期相悖的消极后果。既然名其为或然性代价，则表明这种代价是可能产生也可能不会产生的，在某种条件下是可以避免的。或然性代价为什么会产生呢？西蒙说过，任何实践活动，无不包含着决策制定过程和决策执行过程。决策执行过程是以决策的结果，即政策为前提的。设想，如果一项政策本身就存在问题，或者在实施过程中出现了新的问题，而改革者仍然"按图索骥"，那么付出代价不就是必然的吗？如此看来，或然性代价的产生不只是某一方面的原因，我们依然可以从两个维度来考虑：一是教育改革政策自身的问题；二是教育改革实施过程中存在的种种问题。

一、教育改革政策存在的问题分析

决策是政策形成的过程，而政策是决策的结果，政策的启动则标志着改革的开始。因此，政策对一项改革来说具有导向作用，政策的质量在很大程度上决定了改革是否能取得成功，而政策的质量取决于决策过程，主要是决策者。菲利克斯·A.尼格罗和劳埃德·G.尼格罗认为，在政策制定过程中，决策者有可能犯两类错误：利益偏差导致的错误和技术偏差导致的错误。利益偏差导致的决策错误，主要表现为以下情形：①政策获利化。决策者只选择那些能使自己个人或自己所属集团获得特殊利益的政策方案；②政策廉价化。决策者只选择那些使特定团体或个人能够以最小的代价最大限度地满足他们利益需求的方案；③政策优惠化。决策者在最终优选政策方案时，有意选择那些能给某些个人或团体一定优惠的政策方案；④政策分割化。决策者最终采用的是将利益在几个团体间按一定比例分割的方案。

技术偏差导致的决策失误，主要表现为：①只着眼于眼前，认识上短视；②把未来仅看成是过去的重复；③对问题采取过分简化的解决办法；④过分依赖于某个人自身的经验；⑤决策者先入为主的看法；⑥不愿做谨慎的实验工作；⑦决策者逃避决断。[1] 在现实的决策中，由于决策者因素所导致决策失误的原因无外乎以上两个方面。

在实际的教育改革中，教育改革决策者自身的素质、经验或认识等都会影响到决策的质量，下面略举一二。

（一）教育改革政策缺乏可行性分析和论证

现实中，还存在着大量的经验型决策甚至"拍脑袋"决策等一些不科学、不负责任的决策行为，人们将这种决策形象地喻为"三拍工程"，即先拍大腿、后拍胸脯、再拍屁股，拍大腿是冲动上马，拍胸脯是盲目自信，拍屁股是推卸责任。另外，也还存在以决策主体来判定决策是否可行的现象，例如我国"文革"期间出现的"两个凡是"。不可否认，经验和决策者的个人魅力在决策中具有比较重要的作用，但如果一项改革决策完全依赖于这些因素，无疑是将一项严肃的事情"儿戏化"。制定政策必须要在占有充分信息的基础上进行，要有一定科学理论作为支撑，要经过合法的决策过程，符合客观实际，只有这样的政策才是科学而合理的。

---

[1] ［美］菲利克斯·A.尼格罗、劳埃德·G.尼格罗著，郭晓来等译：《公共行政学简明教程》，中共中央党校出版社1997年版，第166~173页。

政策是指向未来的,对行动具有导向作用。但是,正如前面提到的,由于人类的决策受有限理性等因素的制约,一切政策都具有错误的可能性,不能先验地接受其为正确。因此,一项政策出台之前应对它进行可行性分析和论证,也称为政策方案评估。如何评估、论证一项政策的可行性呢?韦伯认为,一项行动是否合理,要考虑两个因素:一是目的设定的合宜程度,二是目的和手段间的联系。[①] 同样,考虑一项政策是否可行,首先要考虑它所制定的目标的合宜程度,以及实现目标的现实条件。目标往往是理想与现实的结合。改革毕竟是对现实不足的改进,因此,目标应该具有一定的理想性,但完全脱离当时社会所能提供的实现目标的条件、过于理想、完全乌托邦式的构想已经失去了实现的可能,如果以这样的政策指导实践,其后果是难以想象的。

譬如,1978年《政府工作报告》提出:到1985年,农村基本普及8年教育,城市基本普及10年教育;对高等教育的要求是:充分发挥现有高校的潜力,积极扩大招生人数,加快建设新的高等学校。[②] 在这种政策的指导下,我国的教育重现了曾在20世纪50年代出现过的"教育大跃进":1978年高等学校数量从1977年的404所猛增至598所,一年之内新增高校194所,平均三天新建一所。1983年4月28日,国务院批转的教育部、国家计委《关于加速发展高等教育的报告》提出:1983~1987年的5年中,高等教育事业要有一个较大的发展。计划5年内全日制高等学校招生数由1982年的115.3万人增长75%,1987年的在校生数将增加到176万人,比1982年的115.3万人增长53%,平均每年增加在校生12.1万人。其他形式的高等教育计划招生数由1982年的29万人增加到1987年的110万人,增长2.8倍,在校生数由1982

---

① [德] 马克斯·韦伯著,顾忠华译:《社会学的基本概念》,广西师范大学出版社2005年版,第32页。

② 何东昌:《中华人民共和国重要教育文献(1976~1990)》,海南出版社1998年版,第1599页。

年的 64 万人增加到 1987 年的 237 万人，增长 2.7 倍。[①]

如此过度狂热地以数量和速度为追求的目标，所付出的代价是高等教育与基础教育发展比例失衡，高等教育规模与国民经济的承受能力失衡，各级各类教育事业规模、布局、结构的比例、发展速度不合理等。

其次，对教育改革政策可行性的分析与论证，还包括对一项改革政策可能带来的后果的预期。改革的结果存在三种情况：一是预期结果的实现，这是最完美的改革（当然，前提是这项改革是合理的）；二是预期结果完全没实现，却产生了新的结果（这种情况也少见）。新的结果可能是正面的，也可能是负面的；三是预期结果部分实现，同时产生了一些非预期结果（这种情况最为常见）。非预期结果产生的影响可能大于预期结果的影响，或者小于其影响。因此，对一项教育改革政策在实施之后可能产生的结果进行合理预期是很有必要的。

再次，教育改革政策的语义表述模糊不清也会导致实际操作中出现混乱，例如导致政策执行者出现执行偏差，甚至成为某些人钻政策空子的"契机"。如原《义务教育法》第二条规定："实施义务教育，不收学费、杂费。"学费的界定应该是清楚的，但是什么是杂费呢？什么才不是杂费呢？是否学费之外的费用都是杂费呢？"杂费"概念、范围表述不清，使这条规定也就失去了实际的效力。事实上，义务教育乱收费已成了社会的一个"痼疾"，成为教育腐败的一大表现。该法第五条规定："适龄儿童、少年的父母或者其他法定监护人应当依法保证其按时入学接受并完成义务教育。"应该说，这种表述是有问题的，是"应当"而不是"必须"，似乎是一种"呼吁"；"依法"是依"何法"呢？"不仅是同义反复，而且是意义不清。"[②]

[①] 中央教育科学研究所：《中华人民共和国教育大事记（1949～1982）》，教育科学出版社 1984 年版，第 198～199 页。

[②] 程介明：《中国教育改革——进展·局限·趋势》，香港：商务印书馆 1992 年版，第 142 页。

第二章　教育改革代价的根源

最后,教育改革政策的可行性还在于是否有配套的社会政策予以保障。教育改革与社会改革联系紧密,许多问题不仅是一个教育问题,根本上说还是一个社会问题,例如流动人口子女的教育问题。教育不是万能的,对于这样一些社会问题,单纯采取改革教育的措施并不能产生实质性的效果,必须有相应的社会政策予以保障,否则有夸大教育功能之嫌。

(二)教育改革政策理念盲目借鉴,忽视本土国情

教育改革是一个复杂的过程,它是一个不断解决旧问题,又不断产生新问题的过程。但是,改革经常被看作是由重要人物将深思熟虑的理念付诸实践的线性行为,政策制定者(决策者)和政策执行者是彼此分立的,职责分明。事实上,决策者制定一项政策,让实施者接纳这项政策,再让他们去实施,并期望预期结果得以实现,是相当困难的过程,很少是直线前进的,政策执行过程中会出现一些难以预料的问题。教育改革政策必须关照实际的改革过程,而不能把改革过程看作一项技术活动,主观认为只要制定的政策是合理且可行的,改革就能取得预期的效果。

教育是一个开放的系统,它与社会这个大系统进行着相互作用,一定时期的社会政治、经济和文化都会对教育改革产生影响,绝不能仅仅将教育看作一个封闭的系统。由于每一个国家、民族的文化、经济、政治都存在着差异,以至于不存在可以完全照搬的教育改革"模版"。如果教育改革的理念是借鉴他国,必须要考虑本土国情,使之与本国的政治、经济、文化、技术等各种因素相联系,从而使其本土化,具有内生性,盲目地、原封不动地照搬国外的所谓的先进教育理念,可能会付出一些不必要的代价。

新中国成立初期,由于处于帝国主义的包围之中,而新中国又缺乏建设社会主义的经验,要想建立与新民主主义和社会主义制度相适应的教育制度,除总结我国优秀的教育经验特别是苏区、抗日民主根据地和解放区的优秀教育经验外,对外借鉴与吸收世界上第一个社会主义国家——苏联的教育经验是合理且可行的,也似乎是唯一的选择。因此,中共中央提出,向已有 30 多

年建国经验的社会主义国家苏联学习,改造中国的教育。1949年10月5日,刘少奇在中苏友好协会成立大会上指出:"我们要建国,同样也必须'以俄为师',学习苏联人民的建国经验";"苏联有许多世界上所没有的完全新的科学知识,我们只有从苏联才能学到这些科学知识。例如:经济学、银行学、财政学、商业学、教育学等等"。[1] 第一次全国教育工作会议决定,要借助苏联经验来建设新中国的教育。从当时新中国所面临的现实情况来看,学习苏联是非常有必要的,而且苏联教育也的确存在诸多长处值得我们学习。苏联当时已经建国37年,已经积累了相当多的社会主义建设经验,其中教育的经验也是相当丰富的。而且,当时的领导人认为,"既然西方(即英国和美国)最好的科学和技术已被俄国人吸收,因此最快最好的道路就是直接从苏联接受提取出来的精华。"[2] 不可否认,通过学习苏联经验,我国的教育取得了一些积极的成果。但是,我们也必须承认,在学习的过程中,由于将苏联作为唯一的学习对象,完全照搬苏联教育模式,也产生了一系列的消极后果,付出了相当大的代价。例如,学习苏联重理轻文,结果导致后来严重的教育功利主义倾向;只向苏联学习,在全面学习苏联的时期,学校甚至禁止学习英语,只学俄语,不利于对其他优秀文化的学习等等。

教育改革是一项探索性的活动,学习、借鉴已有经验是非常有必要的,这是减少改革过程中付出不必要代价的重要途径。但是,如何借鉴才能减少代价呢?这是决策者必须要考虑的,不能急功近利,追求立竿见影的成效。"橘逾淮为枳"。一项政策的形成有其历史的背景与现实适用的土壤,借鉴不等于照搬,必须从本国的传统与现实国情出发,完全指望照搬照抄是行不通

---

[1] 中央教育科学研究所:《中华人民共和国教育大事记(1949~1982)》,教育科学出版社1984年版,第4页。

[2] [美]苏珊娜·佩珀:《新秩序的教育》,载[美] R. 麦克法夸尔、费正清编:《剑桥中华人民共和国史——中国革命内部的革命(1966~1982)》,中国社会科学出版社1998年版,第206页。

的，必须结合已有条件有所批判、有所选择的学习。

（三）教育改革政策的倾斜性

改革在某种程度上意味着资源的重新分配，改革政策的形成过程是一个多方博弈与妥协的过程。基于资源的有限性，以及国家整体利益的考虑，教育改革政策往往会出现倾斜性。在我国，穷国办大教育一直以来是一个无法回避的现实问题。如何在现有的条件下，使得现有的教育资源发挥最大的社会效益，这是教育改革政策制定者不得不考虑的问题。

余秀兰在其《中国教育的城乡差异——一种文化再生产现象的分析》中提到，"优先城市"、"重点投入"常常是我们在无法兼顾各方利益时所作出的政策选择。她在书中将自新中国成立以后的教育发展分为三个阶段，在这三个不同时期的教育改革政策中或多或少存在一些倾向性。

第一个阶段是建国后17年。在这一阶段，虽然国家非常重视农村教育，采取多种途径，特别是"两条腿走路"的方针，进行普及教育。由于中国是一个农民人口众多的国家，所以农民成了普及教育的主要对象，表面看来，农民成为普及教育的最大受惠者。但是，不可否认的是，就教育的发展速度和质量而言，农村和城市之间存在明显的差异。例如，1953年11月26日，政务院第195次政务会议通过的《政务院关于整顿和改进小学教育的指示》指出："由于国家逐步工业化，城市人口增加较快，而过去几年内城市小学增加的比例一般地较乡村为小，因此，在工矿区、城市特别是大城市，公立小学应作适当发展……在农村，为适当解决农民子女入学问题，应根据需要与自愿的原则，提倡民办小学（包括完全小学）……对乡村公立小学，除在学校较少的少数民族地区和老革命根据地应作适当发展外，其他地区均以整顿提高为主，一般不作发展。"[①] 固然，这种政策的制定是符合当时的实际情况，但是这么明显的政策倾向的必然结果无疑是城乡教育的不均衡发展，为以后

---

① 何东昌：《中华人民共和国重要教育文献》，海南出版社1998年版，第263页。

城乡教育差距的扩大埋下了伏笔。另外,虽然普及教育的主要对象是农村,但就普及的具体内容而言,城乡之间存在明显差异。在农村以非正规教育为主,在城市以正规教育为主,而且重点学校基本上都设立在城市。农村的非正规教育(包括半耕半读学校)不过是正规的全日制学校所提供的"真正"教育的二等替代物。事实上,绝大多数农村孩子没有机会进正规中学。两种教育培养的人才目标也是泾渭分明的,农村的非正规教育的目的旨在扫盲,给与农村子弟最基本的教育,而以城市为基础的重点学校制度的主要作用从一开始就是为高等院校培养人才。简单的数量上的普及并不意味着教育改革政策的公平取向。教育公平不仅包括量的公平,更应该包括质的公平。从质的公平来看,建国初期看似偏向农村的教育改革是缺乏公平性的。

第二个阶段是"文革"期间。这一阶段是对前十七年教育发展的彻底否定,在城乡关系上,从前期的以城市为主,转向了城市趋从农村。主要表现在:强调工农在学校中的领导地位;工农充当教师;取消高考,采取推荐和选拔,突出升学者的政治成分;到农村办学,将一些农业院校下放到农村。毛泽东的意图是消灭三大差别,即体力劳动与脑力劳动之间的差别、工人和农民之间的差别、城市和乡村之间的差别。但这些政策只是在某种程度上消除了一些城乡差别、体脑差别,事实上也并没有带来农村的进步,因为在农村实行的只不过是一种低水平的"平均主义"发展模式。

第三个阶段是1978年以后。这一阶段,教育改革与发展的政策又明显地偏向了城市,采取城市优先发展的战略。"毛以后的政府公开批评其前任的平均主义思想。新领导人认为,唯物主义和发展过程的逻辑决定为了保证质量,在某种程度上必须牺牲数量,因为同时要达到两个目的耗费太大,中国经济无法承受"[①]。的确,经过"文革"十年的浩劫,教育事业受到重创,社会经

---

① [美] R. 麦克法夸尔、费正清编:《剑桥中华人民共和国史——中国革命内部的革命(1966～1982)》,中国社会科学出版社1998年版,第605页。

济发展所需人才极度匮乏。为了适应社会经济的发展,有限的教育资源被集中用到重点学校,"宁肯有一部分放慢一点,牺牲一点。……总是有所失才能有所得,平均使用力量往往会造成少慢差费"。"在一定时期内,要下决心承认不平衡,条件好的地区要把教育搞好,落后地区就不能要求很高。大城市和小城市不同;城市和农村不同;沿海地区和内地不同;先进地区和落后地区不同"[①]。让农村来承担改革的代价,还有一个原因,即"农民子弟需要了解的耕地知识,多数是从其父辈处学来的。因此,地方教育局不再推动不需要那么高的教育水平的农村地区去发展教育"[②]。很显然,在以效率优先的教育改革与发展政策,以及对农村教育"善意的忽视"之下,农村地区的教育大大落后于城市教育。虽然在今天,政府已采取有力措施来纠正这种倾向性政策所带来的"后遗症",但对于教育这项长期的事业来说,其实质性的成效很难在短期内显现。据2002年教育部的预算内经费统计,中西部地区农村的中小学有危房4000万平方米,有贫困学生2400多万人。农村贫困地区许多适龄儿童失去了受教育的机会而成为新文盲,2003年全国15岁以上文盲率达11%,西藏、贵州、云南、甘肃、青海西部地区高达55%～20%;大专以上文化程度占总人口的比例只有5.1%,西部地区只有1%～4%。农村"普九"未普及,师资质量差,因此,农民考上大学的比例很低。据对清华、北大的调查,来自农村的学生仅占1/5。城市人口中的大专和本科学历比例明显高于农村,竟分别高达55倍和280倍。[③] 根据全国第五次人口普查资料,2000年我国城市文盲率为5.22%,农村文盲率却达到11.5%。我国就业人口受教育年限平均7.33年,城市为10.2年,但农村平均只有6.85年,相差

---

① 何东昌:《中华人民共和国重要教育文献》,海南出版社1998年版,第263页。
② [美]R.麦克法夸尔、费正清编:《剑桥中华人民共和国史——中国革命内部的革命(1966～1982)》,中国社会科学出版社1998年版,第605页。
③ 朱庆芳:《数字里的中国社会和谐度》,载《中国社会科学报》,2005-06-23。

3.35 年。[1]

基础教育如此,高等教育也同样存在由于政策倾斜导致的非均衡发展。李承先指出,新中国成立以来,我国高等教育采取的是非均衡发展战略,优先发展中心城市的高等教育,优先建设重点高校和211工程大学等。[2] 高等教育的非均衡发展固然有多种原因,但政策倾斜是其中一个重要原因。以"九五"期间正式启动的"211工程"和"985工程"为例,"211工程"一期建设总投入为180亿元,分配到99所大学。在"985工程"一期建设中,北京大学和清华大学三年累计各得到了18亿元的资金支持,其他若干所高校也分别得到了数额不等的资金支持。从实际来看,"211工程"和"985工程"高校大部分处在经济发达的东部地区,在中西部的为数不多,由此国家的投入不过做了"锦上添花"之功,进一步拉大了区域高等教育之间的差距。

应该说,教育的地区差异在任何国家、任何时期都存在,"差距是绝对的,没有差距是相对的,要完全消灭差距是不现实也不一定合理的。但是,从公共政策的角度来看,有两个问题特别值得关注:一是差距的边界在哪里,社会对差距的容忍度有多大;二是公共政策如何为缩小差距作出贡献"[3]。缩小差距,是政府和社会的共同责任,但主要是政府的责任。在这种客观的事实面前,政府是致力于缩小这种差距还是以政策的形式稳定、扩大这种差距呢?从建国后,我国教育改革的历程来看,无疑主要走的是后一条道路(其间出现了"文革"时期的特例)。这种选择固然有各种主客观原因,但不可否认,那些带有倾向性的教育改革与发展的政策致使农村教育,从长远来看,是整个国家为此付出不同程度的代价。缩小城乡教育之间的差距,中国还有

---

[1] 转型期中国重大教育政策案例研究课题组:《缩小差距——中国教育政策的重大命题》,人民教育出版社2005年版,第8页。
[2] 李承先:《高等教育发展代价论》,学林出版社2009年版,第99页。
[3] 转型期中国重大教育政策案例研究课题组:《缩小差距——中国教育政策的重大命题》,人民教育出版社2005年版,第51页。

很长一段路要走。

二、教育改革实施过程中存在的种种问题

教育改革政策的制定是改革的第一个阶段。"改革"意味着行动,政策的实施是教育改革的第二个阶段,也是至为关键的一个环节。再完美的政策,如果实施不当,也难以达成改革的目标。但是,政策的实施过程或者说执行过程并没有得到应有的重视,莱文通过对五个国家和地区(英国、新西兰、加拿大的曼尼托巴和阿尔伯塔、美国的明尼苏达州)的教育改革进行研究后发现,实施几乎被忽视了。政府似乎很少关注改革的实施效果,使用的实施手段也范围有限。[①] 或然性代价产生的原因与教育改革实施过程中存在的种种问题关联紧密。

(一)从观念层面来看,教育改革者缺乏对教育特殊性的认识

由于教育自身所具有的特殊性,教育改革与其他的社会改革既存在联系又存在着区别。教育不仅具有工具价值,而且也具有内在价值。从教育的工具价值来看,教育与政治、经济有着天然的联系,应该服从于、服务于政治、经济的发展;从教育的内在价值来看,教育以培养人为最终宗旨,应致力于人的发展。1948年,联合国《世界人权宣言》中提到"教育的目的在于充分发展人的个性并加强对人权和基本自由的尊严。"教育的这种内在价值,决定了教育应对政治和经济保持相对的独立性,不能完全以政治权力、经济思维来主导教育改革,或者将政治改革、经济改革等社会改革的模式简单推衍到教育改革。古德莱德(Goodlad)察觉到,科层组织及其价值渗透到了学校系统和教育学中,结果学生被看作生产机器上的一个齿轮,并没有充分考虑学

---

① [加]莱文著,项贤明、洪成文译:《教育改革——从启动到成果》,教育科学出版社2004年版,第154页。

生作为一个人的成长。① 也即忽略了教育对人的成长的作用。但从历史的发展来看，确实存在着将教育的工具价值无限的扩大，而忽视甚至漠视其内在价值的情况，将外部力量看作是推动教育改革的主要力量。如前面提到的新中国成立之初，政治中的"左"倾思想指导着教育改革，产生了教育中的"大跃进"，导致教育规模过度扩张。"十年树木，百年树人"，教育是一项长期的事业，如此急功近利必然导致失败。英国诺丁汉大学中国研究所教授郑永年在网上发表了一篇文章《权力主导改革，教育面临深层危机》②，颇能引人深思。在文中，郑永年教授提到：

  中国的教育改革一直受两个因素驱动，那就是教育机构的职位寻租（一种变相的权力寻租）和教育主管机构的权力寻租。这两种寻租行为背后的推动力，则是教育产业化而产生的巨大经济利益。各级政府用政治方式来抓经济发展，也用政治方式来搞教育改革。在经济发展上，政府官员长期以来追求的是单纯的经济增长数字的增加，反映在教育上则是学生人数和入学率的增加，从幼儿园到大学都是如此。而在经济上实行"抓大"政策的同时，在教育上也出现了相应的合并和升级风潮。因为数字增加的背后是巨大的经济利益，各级政府和各类学校就有巨大的动机来冒进，于是学院升大学，大学大合并。

  经济利益和权力主导下的中国教育改革必然导致失败。教育在中国成了一个暴利产业。经过了将近30年的改革，中国的计划经济已经转型成为市场经济，但教育科研资源的分配一直是高度集权的，就是说教育科研资源由各级主管部门来分配。大量科研经费集中在少数几个权势人物手中，集中在主管教育的政府官员和科研部门的掌权者手中。

---

① Heffner, Franklin Daniel, 1993. *More said than done: The History of Education Reform in the Unites States from* 1983~1993. University of South Dakota, p62.
② http://learning.sohu.com/20070322/n248907215.shtml.

同样，课程和各类学位设置也是集中在主管部门。很简单，主管部门名目繁多的审批权给他们带来的是巨大的经济利益。集权现象本来就需要改革，但随着教育的产业化，集权现象不仅没有改革，反而越来越甚。各级主管部门变着法子通过形形色色的政策来收权，以获取经济利益。

换句话说，部分官员和教育界权势人物眼中所见到的并非是人才，而是各种各样的利益。各级官员和社会利益集团结合在一起，用政策的幌子来获取利益，也用政策来论证获取利益的合法和合理性。先界定要得到的经济利益，再去制定政策。自然，牺牲的是学生和家长。

新中国成立早期，中国的教育改革以政治权力主导教育改革。自市场经济体制建立以后，教育与经济、生产力之间的关系日益凸显，教育被看成是促进经济发展的最富潜力的驱动力，教育改革的主导思维逐渐从政治权力转向经济思维，是用"教育的经济动机和经济目标填补政治动机和政治目标被淡化后留下的'真空'的价值取向"[①]。不管是政治思维，还是经济思维，在本质上都是不承认教育具有独立的地位与发展逻辑，只是将其作为政治与经济的附属。

改革开放以来，中国实行的是让"一部分人先富起来，最终实现共同富裕"的经济政策，这种经济政策是效率优先的，惯常的提法是"效率优先，兼顾公平"。教育上也同样贯彻了这一方针，这一政策在教育领域的适用性却并未得到论证，其"所指和价值变得模糊不清"。正如有研究者指出，在这一领域（教育），"效率优先"的所指究竟是什么，是指优先发展三级教育中投资回报率最高的那部分教育，是指优先发展营利性的部分，用市场化、产业

---

① 廖其发：《当代中国重大教育改革事件专题研究》，重庆出版社2007年版，第198页。

化的手段做大"蛋糕";还是优先发展高水平的"优质教育资源",优先满足精英阶层的需求?由于缺乏基本的理论共识,它便成为各取所需、各行其是的口号。[①] 有论者甚至认为,效率作为一个经济学的基本概念是否适用于教育领域也是需要考究的。加泽尔(Gaziel)即认为,如果将效率作为教育改革政策的一个基本价值,可能会产生一系列的问题,如教育改革的产出是什么,由什么组成,是学生的成绩吗?是学生对学校的满意度吗?是学生对新态度和价值的获得吗?即使我们仅将学生的成绩当作唯一的产出,依然存在一些问题,学生的成绩是学校教育的结果吗?家庭、社会、媒介会产生影响吗?而且,假如我们仅将学生的认知成绩当作衡量教育功效的指标,那么我们可能会忽视教育系统所产生的许多其他功效,如教育对学生未来收入的影响,教育对伦理、关爱的影响等等。[②] 因此,他主张在教育领域中,用"效益(effectiveness)"取代"效率(efficiency)"。

再如,教育、政府与市场之间究竟应该是一种什么样的关系?在教育发展的历史进程中,我们发现教育完全由政府包办不利于教育的发展。在教育经费严重不足的情况下,适当地引入市场,能多方筹措教育资金,弥补教育经费的短缺。同时,实现多元化办学,适当引入竞争,也有利于实现学校间的良性竞争,提高教学质量。但是,教育与市场结合,并不就是等于"教育商品化"、"教育市场化";教育活动不能简单地等同于经济活动。"市场体系应具备自主性和利润最大化经营目标两个基本特征,而学校以培养塑造人为目标,不可能追求利润最大化,这就决定了学校不可能成为真正意义上的市场主体"[③]。而且,市场作为一种自发的秩序,总有失灵的时候,而教育的公

[①] 杨东平:《教育公平是一个独立的发展目标——辨析教育的公平与效率》,载《教育研究》,2004(7)。

[②] Haim Gaziel. 1996. *Politics and Policy-Making in Israel's Education System*. Sussex Academic Press. 13.

[③] 靳希斌:《市场经济大潮下的教育改革》,广东教育出版社1998年版,第115页。

益性需要教育保持相对的稳定性，完全以市场化的模式来运作教育改革在现实中是行不通的。事实上，有人将这种以经济思维主导的教育改革称为"单纯财政视角的教育改革"或者一种"经济主义路线"的教育改革，认为这种改革已经成为当前影响教育公平最现实的、最重要的制度性因素。日益拉大的学校差距、"择校热"、高昂的教育收费加剧了业已存在的阶层差距，享受"优质教育"越来越成为金钱和权力的较量。中小学高额的教育费用致使农村家庭出现了"因教致贫"、"怕子成龙"的悲剧。权学交易、钱学交易、招生腐败、学术腐败等现象严重地损害了教育的公益性和公正性。①

这种"单纯财政视角的教育改革"在20世纪90年代的俄罗斯也出现过。1994年，叶利钦签署了由教育部、国家高教委和国家财产委员会共同制定的《关于教育领域非国有化、非垄断化法（草案）》：实行教育机构的非国有化和非垄断化的目的在于充分发挥教育机构的主观能动性，在致力于创新、提高教育质量以满足人才市场需要的同时，使教育系统能够补偿吸收非国有资金。在这一草案下：①普通学校竞相改变自己的所属身份以谋求财源。②高等学校普遍扩大招收自费生的比重。这的确增加了学校的财源，但这在一定程度上又限制了有才华的学生通过公平竞争进入大学深造，从而导致教学质量以及毕业生质量的下降。

无论从历史来看，还是从现实来看，如果完全将教育交与市场，一方面政府有推卸责任之嫌，另一方面会导致教育的公益性遭到破坏。当然，也有人认为，实际的情况不是所谓市场化过度，而是政府职能越位、错位和不到位并存，市场机制或者没有发挥作用，或者被扭曲。②当教育不可避免遭遇市场而又需保持其公益性时，政府所发挥的作用的确是至关重要的。

（二）从改革思维方式来看，教育改革者以简单思维应对复杂改革

---

① 杨东平：《中国教育公平的理想与现实》，北京大学出版社2006年版，第16页。
② 张春霖：《公平何处寻》，载《经济观察报》，2006-04-03。

教育改革是一项复杂的、动态的过程，会随着社会政治、经济、文化的变化而发生变化。从一些教育改革历史来看，导致一些教育改革失败的根源在很大程度上是教育改革者采取一种简单的思维方式来应对复杂的教育改革过程。比较常见的是有些改革政策不顾地方差异，盲目采取"一刀切"。

1985年5月27日，中共中央、国务院作出《关于教育体制改革的决定》，其中明确规定：把发展基础教育的责任交给地方，实行基础教育由地方负责、分级管理的原则。具体表述为：基础教育管理权属于地方。除了大政方针和宏观规划由中央决定外，具体政策、制度、计划的制定和实施，以及对学校的领导、管理和检查的责任和权利都交给地方。省、市（地）、县、乡分级管理的职责如何划分，由省、自治区、直辖市决定。为了保证地方发展教育事业，除了国家拨款以外，地方机动财力中应有适当的比例用于教育，乡财政收入应主要用于教育。地方可以征收教育附加费，此项收入首先用于改善基础教育设施，不得挪作他用。① 1992年3月14日，李铁映签署了《中国义务教育法实施细则》，规定：义务教育在国务院领导下，由地方各级政府负责；按省、市、县、乡分级管理。城市以市或市辖区为单位组织进行；农村以县为单位组织并落实到乡镇。各级教育主管部门在本级政府领导下，具体负责组织、管理本行政区内的实施工作。学校的设置，由设区的市级或县级政府统筹规划，合理布局。地方各级政府所设学校的事业经费和基建投资，由地方各级政府负责筹措。② 2001年5月，国务院发布《关于基础教育改革与发展的决定》，对分级办学的体制作了重大调整，提出农村义务教育实行"在国务院领导下，由地方政府负责、分级管理、以县为主"的新体制。在不同时期出台的这三个政策的一个核心是"地方负责、分级管理"，只不过2001年

---

① 何东昌：《中华人民共和国重要教育文献》（1976～1990），海南出版社1998年版，第2287页。

② 金铁宽：《中华人民共和国教育大事记1949～1993》，山东教育出版社1995年版，第2153页。

初出台的"决定"对分级管理做了些调整,将原先以乡镇、村和农民为主筹集教育资金转为以县为主,在县级行政区域内调度教育资源。但不管怎样,通过"地方负责、分级管理",义务教育在我国就主要成为地方政府的责任:在农村是县乡政府的责任,在城市是市或区政府的责任。

从历史的观点来看,"地方负责、分级管理"这种体制的选择是符合现实条件的,也是思想解放的一种体现。正如教育部原副部长张保庆撰文所言:"在改革开放以前,由于实行的是集中统一的计划经济,再加上对国情认识上的错位,对教育经费的投入长期坚持的是单一的国家投资政策。这种政策的直接结果,既导致国家财政负担的不断加重,又造成教育经费投入的严重不足。在过去的这种教育经费投入模式下,国家财力既难以支撑庞大的教育体系,却又苦于找不到别的出路。于是在解决教育经费投入的思路方面,就只能在一种怪圈中打转。"[①] 这种体制的变革,使基础教育逐渐地方化,在筹措各方资金办学,调动地方积极性等方面的确起到了较大的作用,也使得教育更加适应当地的需要。但是,我们也要看到,这种体制改革带有明显的"一刀切"。如,1985 年的教育体制改革是在经济体制改革之后进行的。经济体制改革为教育体制改革创造了一定的条件,经济的发展"有可能调动民间的资源、地方的资源,发展教育,但这样的条件并非全国都具备"[②]。我国幅员辽阔,地区经济发展极不平衡,自 1978 年实行改革开放以来,邓小平同志提出"让一部分人先富起来",这种差距有扩大之势。在这种情况之下实行"地方负责、分级管理",从体制上就将经费投入和地方的财力密切联系起来了。在我国,大多数县的县域经济较为薄弱,可汲取的财源有限。来自国家统计局的一组数据表明:1999 年全国的 2109 个县级行政区域中,财政收入超亿元的

[①] 转引自王蓉:《我国义务教育投入之公平性研究》,载姚洋主编:《转轨中国:审视社会公正和平等》,中国人民大学出版社 2004 年版,第 283 页。

[②] 程介明:《中国教育改革——进展·局限·趋势》,商务印书馆 1992 年版,第 79 页。

县不足 600 个,包括 572 个国家级贫困县在内,财政补贴县多达 1036 个,占总数的 49.1%。①义务教育经费划归为县一级,教育的发展愈发受到当地经济发展的影响,其结果是使教育失去了以往由国家负责情况下的稳定性,拉大了学校与学校、地区与地区教育之间的差距,导致我国的教育不均衡发展。

(三)从改革的推进过程来看,教育改革者崇尚大破大立,以激进的方式推进改革

迈克尔·富兰说过,变革付诸实践的方式在很大程度上决定了变革进行得会有多好。②教育改革应该以什么样的方式来进行呢?在西方教育改革理论中存在两种主张:一种是突变论。这种主张来源于社会革命理论,其代表人物为韦布兰(T. Veblen)和熊彼特(J. Schumpeter),基本观点为:教育改革源于不同利益团体之间的冲突;教育改革是一场深刻的革命,是一个突变的过程,因此,必然伴随结构的破坏与更新;教育改革作为一个突变过程有周期性,在周期内,它起始于教育的危机,经历了一个内隐的酝酿过程,最后以革命方式爆发出来。另一种是渐进论。这种主张由达尔文主义进化论发展而来,其代表人物是英国教育家斯宾塞(H. Spencer),后来逐渐为英美一些教育家和教育改革研究者所主张。杜威即为其中一位,他认为社会变革与教育变革是逐渐变化的,不是一种革命式的推倒重来。该理论主张,教育如同生物一样是一个有机体,是不断进化的、演变的;教育改革的过程是渐变的,而不是突变的。③

教育改革以"革命"的面貌出现,在中外教育改革历史上都不少见,如美国的进步主义所倡导的改革,即是对传统教育"三中心"的彻底否定,试

---

① 转型期中国重大教育政策案例研究课题组:《缩小差距——中国教育政策的重大命题》,人民教育出版社 2005 年版,第 57 页。
② [加]迈克尔·富兰著,赵中建等译:《教育变革新意义》,教育科学出版社 2005 年版,第 11 页。
③ 王宗敏、张武升:《教育改革论》,河南教育出版社 1991 年版,第 12~13 页。

图建立新的"三中心"。进步主义教育改革对凸显儿童的主体地位具有重大作用,以至于被称作"哥白尼式的发现"。但是,不可否认,进步主义教育改革也导致美国付出了较大的代价,如由于过于注重儿童的中心地位,过于注重儿童的活动,反对以教科书和教师为中心,结果是降低了学术性要求,导致儿童基础知识薄弱,教育质量下滑,国家在国际中的竞争能力下降,由此遭到永恒主义和要素主义的指责。在日本战后的教育改革中,也往往存在着否定传统文化的特性和长处的一面。在我国,将教育改革当成一种"教育革命",崇尚推倒一切,建立一种全新的"教育"莫过于"文革"期间了。"文革"十年的"教育革命"可以用"革命"一词来形容。这次教育革命试图彻底打碎当时正在实行的教育制度,建立一种新的教育模式,经历了三个阶段,即"破旧"、"立新"和"捍卫成果"。在"破旧"阶段,从根本上否定了建国后十七年的教育成果。在"立新"阶段,采取了一系列改革,例如,废除高考,以推荐和无产阶级政治为基础,以使工人阶级出身的青年有更多的机会升学;各级各类学校以革命委员会取得学术领导机构;改革学校原有的行政组织及其职能,使学校管理、机构组织建设军事化;教材要简化,新教材要在毛泽东思想指导下进行编写。所有学生,从小学开始直到大学,都要学习毛的著作等等。在"捍卫成果"阶段,主要是通过处理一些典型的事件来进行的,例如:处理马振扶中学事件,批《园丁之歌》,宣传张铁生交白卷事件等。教育的发展具有一定的连续性,任何试图否定历史、打到一切的做法必然会陷入历史虚无主义。

教育改革到底应该以一种什么样的方式来推进呢?"教育改革成败的最关键的决定性因素,在于它是否具备恰切的教育改革方法论"[①],"改革方法论"也即告诉人们该采取何种方式进行改革。而方法论需要考虑方法与对象的适

---

① 林丹、柳海民:《渐进改革:当代中国基础教育改革路向的理性选择》,载《教育研究》,2009 (7)。

切性，因而必须要考虑到教育的特殊性。从教育发展的历史来看，教育自身具有相对的独立性，如教育的复杂性、长期性、迟效性、连续性等，这从内部决定了教育改革和发展过程应遵循其自身的规律性，并且在大的社会环境条件下，循序渐进，逐步推进。教育改革的特殊性决定了对教育的改革不能大破大立，盲目追求所谓的"创新"，容易导致对传统的否定以及与传统的割裂，付出不必要的代价。此外，过于频繁的改革、不断变更的关注中心，不仅忽视了教育的连续性，也使得教师们不得不花费大量的时间去应付花样百出的"新措施"，为了应付各类检查而不得不做出各种脱离日常教学实践的"表演"，这些无疑给教师增添了许多额外负担，让教师产生改革焦虑症，从内心抵制改革。从一般情况来看，得不到教师支持的教育改革是很难获得成功的。

需要说明的是，对教育改革代价进行的区分并不是绝对意义上的区分，只是为了说明产生代价的原因是多方面的。事实上，试图在必然性代价和或然性代价之间划出清晰的界线即使不是不可能的，但也是非常困难的。首先，导致代价产生的主观性因素，有时候无法区分是合理的还是不合理的。例如，"地方负责，分级管理"所导致的消极后果，是由于人类的有限理性所致还是由于教育改革者对现实的缺乏调查而对现实认识不清所致呢？其次，必然性因素中存在偶然性因素。例如，教育改革中存在价值冲突，这是无法避免的。但是，既得利益者干预决策以及实施过程，由此导致改革付出的代价又是或然的。也就是说，代价的付出是难免的，但付出何种代价、付出多大的代价却是不确定的。另外，教育改革代价产生的根源，不管是必然性代价还是或然性代价，也绝不仅是以上所提到的，限于篇幅和视野的局限，暂列出一些。

第三章　教育改革代价的防范与规避

既然任何一项教育改革都要付出代价，只是付出的代价各异、程度大小有差别，那么如何减少合理代价、消除不合理代价，就应该是教育改革者要考虑的课题之一。在代价产生之前，教育改革主体该如何主动、积极地行动才能防范、规避代价的产生呢？一项完整的教育改革过程包括决策、启动、实施和成果四个阶段，从代价的防范和规避来说，教育改革主体可以有所作为的阶段主要是前三个。在代价产生之前，教育改革主体需要从意识上到行动中采取有效的措施来防范和规避代价的产生。

第一节　教育改革的风险防范与管理

前文提及风险不同于代价，但它蕴含着代价产生的可能性。任何一项活动都是从决策开始的，因此在教育改革决策阶段的代价的防范主要在于对教育改革风险的防范与管理。德国社会学家卢曼说，我们生活在一个"除了冒险别无选择的社会"。风险已经成为我们生活中的一个重要组成部分，无处不在，无时不在。风险不仅来自我们生活于其中的自然环境，也来自于我们所做出的每一个决定、每一种选择、每一个行动。教育改革是一项探索性活动，由于种种主客观原因，从教育改革的决策到具体的实施，都存在不同程度的风险（例如领导人的离任、资金的短缺、教师的抵抗等）。风险是积极结果与消极结果的结合体，风险既可以被理解成机会、机遇，也可以被理解为危险和不确定性。一方面，风险会带来潜在的收益，甚至有时候"高风险意味着高收益"。另一方面，风险可能导致损失、伤害，一旦发生即为现实的破坏或伤害，是不可逆转的，这就需要在可能的收益和损益之间做出权衡。教育改革的最终目的是为了人的发展，考虑教育改革中存在的风险，采取有效措施防范、管理、规避及分担风险，是避免付出不必要代价的前提。

一、风险的防范：教育改革决策的应然追求

文艺复兴运动最大的成就在于打破了神学和基督教会对人的精神与现实生活的控制，凸显了人的主体性。人的主体性的凸显又使得人类包括冒险在内的各种欲望得到了公开承认。另一方面，"上帝"、"命定"被人的理性取而代之，人类相信凭借自己的各种能力能获得成功。人类成为风险的主体，不仅通过理性的计算来冒险，以获得更大的利益，也愿意承担冒险失败的责任，而不是把失败的原因归之于"上帝"、"魔鬼"等虚幻的存在。因此，贝克说，"在工业化时期以后，当人们面临巨大的风险时，当巨大风险已经转化成巨大灾难时，人们不会去怨责虚无缥缈的神灵上帝，而是可能向做出风险决策的专家组织、经济集团或政治派别倾泻其满腔怒气，并且有可能从政治和法律层面对其提出指控和弹劾。"[1] 因此，对一项活动来说要想取得成功，决策就尤显重要了。

---

[1] 贝克：《从工业社会到风险社会（上篇）》，王武龙译，载《马克思主义与现实》，2003（3），第28页。转引自杨雪冬等著：《风险社会与秩序重建》，社会科学文献出版社2006年版，第24页。

决策犹如建高楼大厦的蓝图规划，没有蓝图或设计不合理的蓝图可能会导致楼房的坍塌。同样，不合理的、不科学的教育改革决策本身就孕育着失败的可能。因此，要减少教育改革可能会产生的代价，必然要有合理而科学的决策。为什么进行改革？改革的条件是否已经具备？如何进行改革？改革的重点、突破口是什么？等等，有了对这些问题的思考，才会形成相应的教育改革政策和策略，成功的教育改革才有可能实现。

（一）教育改革决策的本质是一种伦理决策

不能仅仅将教育改革看作一项技术性的改革活动，而满足于政策、课程、教材等物的方面的修修补补。教育改革的各项措施最终都是以人为目的的，只有人才是最重要的。在制定教育改革政策时，人是出发点。人在教育改革中的首要性决定了教育改革首先是一个伦理问题。什么是伦理问题？库珀区分了伦理问题与实践问题。他认为，追求效率、可行性、产量等属于实践问题，而考虑公正、民主、自由等价值观和原则则属于伦理问题。行为或活动的实践性从来不是充分的也不是自足的，除非它能在伦理的基础上被合理地解释。这样，很明显，我们可以借此判断教育改革绝不只是一个实践问题，它同时也是一个伦理问题。伦理问题的解决方法不同于纯技术问题的解决方法。卡罗琳·惠特贝克（Caroline Whitbeck）说："面临伦理问题时，人们不能满足于仅仅做出理论判断，而是必须明确指出怎么去行动。"[1] 仅仅满足于理论探讨，容易导致问题"悬空"，应对策略过于理想化，难以真正有效地解决问题。对于教育改革，理论的探讨、论证是极其重要的，但是也必须知道现实的教育改革如何真正做到满足个人、社会和教育的和谐发展。从伦理的角度来说，改革决策者在进行决策时必须依据一些重要的价值观或伦理准则做出决策。

---

[1] [美]特里·L·库珀著，张秀琴译：《行政伦理学：实现行政责任的途径》，中国人民大学出版社2001年版，序言第13页。

库珀认为针对伦理问题必须要有一种伦理决策模式,如下图①:

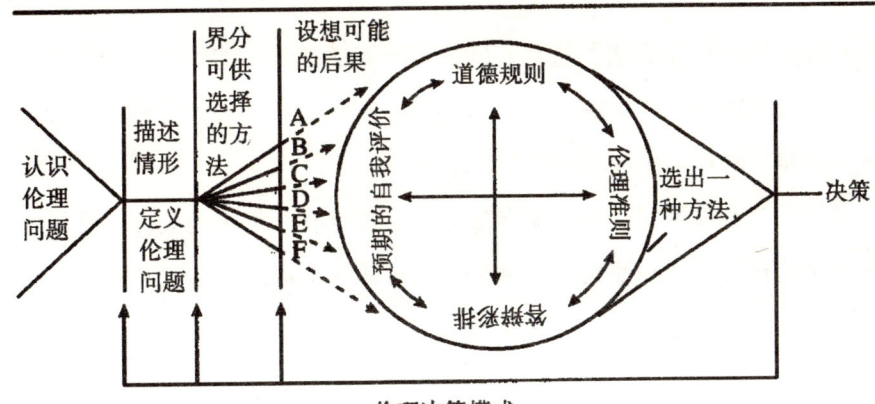

伦理决策模式

在伦理决策模式中,首先是要定义伦理问题,即决策者认清自己所面临的期盼、要求、机会和利益冲突所具有的伦理意义。在描述并解释了伦理问题之后,接下来要做的是界分可替代的行为过程。每一个问题的解决方法不可能只有一个,一般都会有替代的解决方案。真正好的方案并不是指完美无缺的方案,而是此时此刻最适合的方案,能以最小代价解决问题的方案。选择问题解决方案的一个首要标准是选择那些能产生最少消极后果的方案,这就需要设想每一种替代方案可能产生的积极的或消极的后果,权衡利弊,择其最优。在这个阶段,最重要的是具有一种"道德想象力",能够尽可能地设想可选择的方法的可能后果。在设想了可能的后果之后,就是选择最合适的方案。在这一阶段,决策不再是一个线性的过程,而是由四个要素构成的一个圆环,道德规则、答辩彩排、伦理准则、预期的自我评价。

以上是全面系统的和自觉的伦理决策过程中的一些基本步骤。这一模式的运用,能增强决策者的伦理自主性,对自己所持有的价值观更为清楚,从而也就能够更清楚地意识到自己所承担的义务。杜格南(Duignan)认为在面

---

① [美]特里·L·库珀著,张秀琴译:《行政伦理学:实现行政责任的途径》,中国人民大学出版社2001年版,第19页。

第三章 教育改革代价的防范与规避　　**105**

对伦理问题时，有十个步骤可以帮助领导者作出更为有效的决策：①确定情境的本质；②澄清事实；③确定参与者；④思考几种行动可供参考的选择；⑤评价使用不同伦理方法的选择；⑥选择最好的选择；⑦解释你的选择；⑧设计如何实施选择；⑨仔细地行动；⑩反思和学习。[1] 相比于库珀的伦理决策模式，杜格南的伦理决策十步骤更为详细。

总之，教育改革的伦理性要求教育改革者具有一种伦理关怀，将对问题的伦理分析作为思考和推理的一个部分，对那些不甚清晰甚至具有矛盾性的紧张状态保持一种敏感性，最重要的是切切实实地将决策的出发点和关注点从物转向人。

（二）从民主化的角度来看，教育改革决策应是一个公共协商的过程

在大多数自上而下的教育改革中（特别是集权国家），教育决策模式主要是一种输入—输出的、单向的、自上而下的线性、精英决策模式，突出了决策者在教育政策中高高在上的地位，而忽视公众在教育决策中所应发挥的作用。从本质上说，教育是一种社会事业，[2] 为整个社会的利益服务，对教育进行改革涉及千家万户的利益，因此，教育改革决策仅体现"一家之言"是不够的。从民主化的角度来讲，当今时代是一个价值多元的时代，决策要体现多方利益主体的意愿，它就应该是一个多元主体参与的过程。教育改革的决策过程应该反映不同阶层、不同群体乃至不同个体的声音，让决策过程成为多方利益表达的过程。教育改革决策的公共协商是指多主体参与教育改革决策，他们对改革发表意见，提出建议，最终的改革决策是在大家取得共识的情况下作出的。对教育改革来说，实现决策的民主化主要具有以下两个方面

---

[1] Patrick Duignan. 2006. *Educational Leadership: Key Challenges and Ethical Tensions*. Cambridge University Press. p93.

[2] 不同的国家观决定了教育的不同性质。有两种国家观，一种将国家看作实现公共利益工具；另一种是冲突论和更激进的国家观，教育不是被看作一种促进公共利益的机构，而是被看作当权者维持对被统治者的控制的工具。本书持前种国家观。

的作用。

第一，平衡价值冲突。前面说过，教育改革过程存在着各种价值冲突，处理不当，会导致代价的产生。教育改革需要协调、平衡各种价值冲突，特别是具有主观能动性的不同主体之间的价值冲突，使之达成共同的愿景。当然，"共同愿景"的达成无法通过强加于人而实现，只能通过协商、相互的妥协来完成，正如韦伯所言，"价值之间无从消解的矛盾冲突，只能以共存、妥协或容忍来处理"[①]。梅森（Mason）和米特罗夫（Mitroff）在构筑 SAST（基本假设表面化与检验，Strategic Assumption Surfacing and Testing）方法论的基础时强调参与性原则："因为解决坏问题及实施解决方案所需的知识和资源遍布在一个组织的不同部分及层级和组织以外的不同小组中，因此应该将不同利益相关者牵扯进来。"在强调参与性原则的同时要考虑对抗性（adversarial）原则，因为"不同的利益相关者对坏问题的感知非常不同，因此对如何解决这些问题的判断最好是在对对立的观点详加考虑之后再做出"[②]。教育改革利益相关者是各个特殊的个体，他们对利益的偏好是不一致的，有时甚至是冲突的。教育改革决策就应该调和这些不同的利益，使各方利益在政策中都有所体现，从这一点来说，教育改革决策的过程也就是各方利益表达与整合的过程。如何使各方的利益达成整合呢？最根本的是使这个过程成为一个公共协商的过程。协商，而不是预定的个人意志成为政治决策的合法性来源。寻求所有人参与协商本身已成为合法性的必要条件，而且协商也是解决西蒙所说的人的"有限理性"的重要途径。对于什么是公共协商，米勒认为，当一种民主体制的决策是通过公开讨论——每个参与者能够自由表达，

[①] ［德］马克斯·韦伯著，钱永祥等译：《学术与政治》，广西师范大学出版社 2004 年版，第 94 页。

[②] ［英］迈克尔·C. 杰克逊著，高飞、李萌译：《系统思考——适于管理者的创造性整体论》，中国人民大学出版社 2005 年版，第 137 页。

同样愿意倾听并考虑相反的观点——做出的，那么，这种民主体制就是协商的。① 协商的过程实质上就是持有各种观点的个人进行不受限制的交流，这些交流能够促进偏好发生变化。在这个协商的过程中，参与者处于平等的地位，作为自由的个体，他们通过相互的交流，表达自己的利益，倾听他人的表达，转换自身的偏好，寻找合适的替代，最终达成共识。共识也许并不意味着找到了最有效的问题解决方式，但它意味着较少冲突、较小分歧的问题解决方式的获得。公众参与的决策过程实质上可以看作是一个相互妥协的过程，通过协商、妥协来整合各方不同的利益偏好。

教育资源有限的现实，造成了各相关利益群体之间的本质冲突，如何协调他们之间的利益是保证教育改革收益最大化的重要条件。教育改革决策的公共协商不仅体现了公众的平等参与权，在协商过程中，讨论、争执，以及决策的作出都是公开和人人可以参与的，也能在最大程度上协调各方的利益。在协商的过程中，许许多多的独立利益单元提供关于共同关心的问题的不同解决方案。虽然多主体参与决策也存在一定的弊端，如群体内的个体之间的偏好并非一致，要达成决策的完全一致，无疑会增加决策成本。另外，决策主体的多元也容易产生"群体空想症"②，即各主体为了追求一致的目标，不能理智地分析各种备选方案，使得决策质量降低。但从长远来看，经公共协商产生的决策能充分利用众人的智慧，从而使得决策理由更理性，在某种程

---

① 转引自陈家刚选编：《协商民主》，上海三联书店 2004 年版，第 3 页。
② 群体空想症的特征是：1. 顺从性思维，造成个别决策成员即使对决策有疑问，也不公开发表意见。2. 有倾向地选择信息，群体成员往往封锁外界和内部对决策表示怀疑的信息，尤其是负面信息。因而决策所使用的信息，总是带有很大的倾向性。3. 盲目乐观情绪，群体成员往往对决策的成功率做过于乐观的估计，对失败的可能性则往往估计不足，认为本群体所做出的决策一定会在实践中取得成功，结果却往往事与愿违。4. 片面夸大群体功能，往往过高估计自己的判断能力和组织手段，而对外部的影响和力量缺乏清醒的认识。5. 首创精神的幻想，群体自以为在决策经济和政治问题上具有首创精神，人们或社会组织的命运都取决于他们的决策。参见张彩江著：《复杂系统决策理论》，广东人民出版社 2006 年版，第 284 页。

度上增强了决策的合法性;也能够充分考虑不同个体或群体的利益,从而使得决策结果更公平。另外,这种决策模式尊重了公众意愿,有利于向公众宣传改革,让公众了解要解决的问题,了解可供选择的各种解决问题的方案,为改革制造舆论氛围,从而有利于实际问题的解决,也有利于教育改革的顺利推行。建立新的公共政策决策机制,通过公众参与、多元利益表达和利益博弈等机制和制度创新,达到价值和利益的平衡、确保教育公共政策的公正性,不仅体现和保护大多数人的利益,而且体现和遵循教育、学术自身的规律,避免教育公共政策仅为"官场"和"市场"所左右的失误。[1]

第二,教育改革决策经过公共协商能有效分散决策的风险。决策本身具有风险,而由多主体参与决策,能够集思广益,可以减少由单主体决策带来的风险。教育改革可能会产生一些意外的结果,就如医生用药,一种药物可能在治愈某种疾病的同时产生一些副作用,这时,医生必须权衡预期的治疗效果与可能带来的副作用。为了在立即缓解病情和长期的损失间找到最佳的平衡点,医生必须与病人进行深入的讨论。同样,教育改革者也应该就教育改革过程已出现的或可能出现的问题与公众(特别是其他一些重要的相关利益者)进行磋商,在解决策略上达成共识。

但是,我们也要认识到,由于各主体的利益多元,要达成完全的共识是不可能的,也是不现实的。罗尔斯认为,多元性是现代民主社会的基本事实和显著特征,适合于这一社会的基本政治公正原则只能通过重叠共识的方式来建构。所谓"重叠共识",是指人们依靠公共理性,通过在公共领域中的讨论和辩论,达到最基本的"部分共识",即所有人都能接受的决策。这种重叠共识既能够与各种合乎理性的学说相容,得到它们的支持,又要独立于各种综合性的宗教、道德和政治学说之外,从而获得人们对社会制度公正原则的一致支持,获得现代民主社会的稳定运行。对教育改革来说,制订相关教育

---

[1] 杨东平:《中国教育公平的理想与现实》,北京大学出版社2006年版,第62页。

改革政策应该有一个公开讨论的阶段,通过公众的讨论,为公众所了解,为公众所接纳,教育改革由此获得最大程度的接纳与支持。

通过公共协商平衡、协调和兼顾各种不同的价值需求,能形成各方都能认可的政策,能有效减少教育改革由于未知风险所产生的代价。

(三)从科学化的角度来看,教育改革决策应是一个不断完善的过程

美国学者库姆斯提到了教育改革的两种典型的思维模式。一种是封闭系统思维,其遵循这样一种模式:确定目标,制定达到目标的策略,实施目标,然后检验目标是否达到。他认为这种模式在处理下列问题时不失为一种有效的和有用的方法:①只与物有关;②目的是简单明了的;③领导者完全有把握控制事件。[1] 毫无疑问,教育领域很少有问题是完全符合封闭系统这些准则的,但是大多数改革的努力却是根据封闭系统定向来处理问题的。这也是导致教育改革成效低的一个原因。另外一种是开放系统思维,开放系统在解决下列问题时最为有效:①涉及人的问题;②目标是广泛而又复杂的;③结果是无法事先予以精确界说的。[2] 根据这三个准则,教育领域中的绝大多数问题都是符合开放系统的,教育改革即是一个开放的、动态的系统。但是,事实上,正如库姆斯所感慨的,虽说教育中大多数问题都符合开放系统的这些准则,但只有极少数改革者了解开放系统,或具有把它们付诸于行动的技能。

当改革者将教育改革看作是一个封闭系统时,他们往往会认为决策是一种完全理性决策。在古典经济学中,决策理论假定决策应该是完全理性的,决策被看作是由理性的大脑做出的。它采用一种最优化(optimizing)策略,通过寻找最可行的方案以期最大化地达成目的和目标,即努力以求精确地权衡成本收益。这种理性人决策假设一个决策者是按如下的理性方式决策的:①当他面临一系列可选择方案时,他总能够做出一个决定;②他根据他的偏

---

[1] [美] A. W. 库姆斯,《教育改革的新假设》,载瞿葆奎主编,《教育学文集·国际教育展望》,人民教育出版社1993年版,第275页。

[2] 同上,第276页。

好顺序按这样一种方式来排列所有可选择的方案，使得每一方案或者优于其他方案，或者与其他方案无差异，或者劣于其他方案；③他的偏好顺序是传递的；④他总是选择在他的偏好顺序中位置最高的可选方案；⑤每当他面临同一选择时他总是做出同一决定。[1] 但事实并非如此，人的理性是有限的，全知全能的人并不存在，人们总是在有限理性的局限下做出决策的。实际上，大多数学者也认为，古典决策模式即使不是一种幼稚的想法，也是一种不切实际的理想。决策者几乎无法获取所有的相关信息。列举所有可能的备择方案以及这些方案所可能产生的结果也是不可能的。更为糟糕的是，该模式所假设的信息处理能力、推理能力和知识面，决策者根本就不具备；其结果是，该模式对实践中的管理者帮助不大。[2] 实际中，由于大多数组织问题的复杂性和人脑思维力的局限性，人们不可能运用最优化策略解决所有问题，除非是最简单的问题。西蒙认为，纯粹理性决策模式反映的是有关组织决策理想化的观点，实际的决策行为总是以各种方式偏离这一决策模式。在批判理性决策模式的基础上，西蒙提出了"有限理性论"，他指出人是有理性的，而且理性是有限的，并不存在经济人所具有的全知全能。在有限理性理论的基础上，西蒙进一步提出决策的"满意性"原则：人们并不总在追求最优的选择，而是寻求满意。所谓"满意性"原则是指在决策时个体并不考虑所有可能的选项，计算所有可能的结果，相反，仅考虑几个有限的选项，并且一旦感到满意，就会停止搜索，并付诸行动。布迪厄（P. Bourdieu）从其"惯习"概念出发，同样认为人的理性是有限的，这是因为人类的思维是受社会限制的，被一定社会加以组织和构建。因此可以说，人类面向未来的决策，充其量只能是一种风险程度不同的风险型决策。普利高津（Prigogine）就说过："对将

---

[1] ［美］安东尼·唐斯著，姚洋等译：《民主的经济理论》，上海世纪出版集团2005年版，第5页。

[2] ［美］韦恩·K. 霍伊、塞西尔·G. 米斯克尔著，范国睿主译：《教育管理学：理论·研究·实践》，教育科学出版社2007年版，第290页。

要发生的、甚或可能发生的事进行描述总是要冒风险的。因为未来本质上具有不确定性，所以对未来的描述总不可避免有猜测的成分"。[①] 如果人类盲目崇拜自身的理性能力，就有可能导致哈耶克所谓的人类在理性上的"致命自负"。

西蒙以其"有限理性"为基础，提出了决策的管理模式（administrative model），这种决策模式强调满意。包括四个基本的假设：①管理决策是一个解决某些组织问题的动态过程，并且，在这一过程中也会产生其他问题。一方面，决策是针对某些问题而进行的，而在解决这些问题的过程中又会产生一些新的、需要解决的问题。因而，决策过程是一个动态的过程。②不可能存在完全理性化的决策；因此，管理者要寻求令人满意的决策，因为他们既没有使决策过程最优化的实践能力，也没有相应的认知能力。③决策是对所有重要的组织任务与功能进行理性管理的一般行动模式。一般而言，那些负责任的决策包括如下几个步骤：确认并界定问题；分析当前情境中的困难；确立令人满意的对策标准；制定行动方案；启动行动方案；评估实施结果。④价值观是决策的有机组成部分。没有价值中立的决策。在系统化的、经深思熟虑的决策中，价值观与道德选择极为重要。人们不应当将科学与理性、道德与实践截然分开。无论是作出道德判断，还是进行理性决策，都要经过相同的过程；也就是说，必须对各种备择方案及其结果进行周密思考。[②] 总的说来，不存在完全理性的决策，决策建立在有限理性基础之上，是一个涉及价值的动态过程。就决策的价值而言，教育改革决策尤其如此，教育改革与人的生命密切相关，这需要教育改革决策者时时刻刻做到"心中有人"，以人为决策的出发点。

---

① 转引自［美］伊曼纽尔·沃勒斯坦著，王昺等译：《知识的不确定性》，山东大学出版社 2006 年版，第 8 页。

② ［美］韦恩·K. 霍伊、塞西尔·G. 米斯克尔著，范国睿主译：《教育管理学：理论·研究·实践》，教育科学出版社 2007 年版，第 290 页。

理性决策的另一批判者林德布洛姆（Lindblom），针对理性决策的缺陷开创了渐进主义，提出了渐进决策理论。他认为，理性决策只是一种"虚幻的理想"，实际的决策是按照连续有限比较方法来进行的。当面临的问题复杂多变、难以确定以及纷争四起的时候，渐进决策方法是唯一可行的系统决策方法。他将这种新的决策方法界定为"连续有限比较"（successive limited comparison）。这种决策不需要目标，不需要对备择方案及其相应结果作筋疲力尽的分析，也不需要对最佳结果或满意结果作先验的判定。相反，在决策者对行动方案达成一致意见以前，所考虑的只是对那些与现实环境相近的少数的、有限的备择方案进行持续不断的结果比较。① 根据比较结果，对政策进行渐进的调整。渐进决策不是为了实现某种理想状态，而是以问题为基础，试图不断改进问题，使目标与可用的手段相适应，鉴于此，渐进决策被看作是最接近于现实的一种决策模式。林德布洛姆认为，渐进主义决策既恰当地描述了实际决策如何做出，也建构了决策应该如何做出的一种理论模型。相对于理性决策，渐进决策的一个基本优势是，"渐进的决策变迁能够避免严重的决策失误。通过考察政策实施的效应，决策者能够评估出自己所采取的行动的正确程度，在此基础上，他就可以决定是继续贯彻实施一定的政策，还是调整方向"②。

教育改革过程是一个复杂的开放系统，是一个新问题不断涌现的动态过程。教育改革应该超越封闭的思维模式及理性人决策假设，根据时空的变化，随着改革进程的推进，对决策目标进行修正、完善。教育改革决策是一个渐进的调整过程，企求在改革的一开始即做出完美的决策是不可能的，也是难以取得改革成功的。教育改革决策者要始终明白不存在什么最佳的解决方案，

---

① ［美］韦恩·K. 霍伊、塞西尔·G. 米斯克尔著，范国睿主译：《教育管理学：理论·研究·实践》，教育科学出版社2007年版，第290页。

② ［英］米切尔·黑尧著，赵成根译：《现代国家的政策过程》，中国青年出版社2004年版，第86页。

只存在可以解决问题的或者足够好的解决方案。

二、教育改革的风险管理

风险不仅意味着潜在的损害，也意味着潜在的收益，因此，风险管理的主旨不在于消除风险，因为那样只会把获得回报的机会浪费掉。风险管理所需要做的应该是对风险进行管理，主动选择那些能够带来收益的风险，尽量消除那些可能带来损害的风险。教育改革具有客观的风险性，对教育改革所存在的风险进行管理是减少教育改革代价、增加教育改革收益的重要途径。

（一）风险管理的内容

风险管理是以最小的代价降低纯粹风险的一系列程序，包含两个重要的特征：一是降低风险；二是必须考虑代价。作为一种管理活动，风险管理是由一系列行为构成的，其中包括四个实质性阶段，即风险识别、风险衡量、风险处理和风险管理效果评价（见下图[①]）。

```
                    风险管理
    ┌──────────┬──────────┬──────────┐
  风险识别   风险衡量   风险处理   风险管理效果评价
```

美国学者詹姆斯·林认为风险管理过程包括三个步骤：意识风险，计量风险以及控制风险。[②] 提高风险管理意识是风险管理过程的出发点。只有当风险意识、风险计量以及风险控制战略全面整合起来，风险管理过程才是可能有效的。从两种观点来看，风险管理主要包括三个方面的内容：风险识别、风险衡量和风险治理。

教育改革总是发生在一定的"场域"中，与当时的政治、经济、文化背

[①] 何文炯：《风险管理》，中国财政经济出版社 2005 年版，第 24 页。
[②] [美] 詹姆斯·林著，黄长全译：《企业全面风险管理——从激励到控制》，中国金融出版社 2006 年版，第 28 页。

景密切相关,从这一点上说任何的教育改革都具有实验性,不存在完全一样的改革,教育改革同样会具有风险。对教育改革进行风险识别是整个教育改革风险管理工作的基础。风险识别是指风险管理人员通过大量来源可靠的信息资料进行系统了解和分析,认清教育改革中存在的各种可能的风险因素,进而确认教育改革所面临的风险及其性质,并把握其发展趋势。有待识别的风险,部分比较明显,部分是潜在的。一般来说,认识后者要比认识前者更为困难,也更为重要。识别风险,一方面可以通过感性认识和历史经验来判断,另一方面可通过对各种资料(如统计年鉴、改革年度报告等)进行分析来发现各种可能的风险。一般来说,教育改革的风险主要有制度创新的风险、借鉴的风险、改革理念在实施过程中被篡改或抵制的风险等。

风险衡量是针对某种特定的风险,测定其风险事故发生的概率及损失程度。没有包治百病的药方,教育改革决策者必须学会估计相对风险,而不是尝试着对公众做出什么保证,"在公共政策领域本来就不存在什么所谓的保证"[①]。并非所有的措施都会产生相同的风险,不同行动产生的风险有大有小。因此,教育改革者必须学会进行风险衡量,不冒不能承受的风险。

风险治理是指对不可避免的风险进行选择,将风险可能造成的损失降低到最小。在不同的文化和社会结构中,所选择的、被认为应该规避的风险是不同的。在不同的教育改革中,由于所解决的主要问题不同,所要达到的目标不同,因此要防范、规避的风险也是不同的。

(二) 教育改革风险管理的原则

承认教育改革本身不可避免地会具有风险,但是并不代表我们面对风险是毫无办法的。我们应该对风险进行一定的限制,让理想的教育改革充分发挥其应有的功效。教育改革中风险管理的原则主要有以下几个:

[①] [美]罗杰·J.奥恩、特里·E.巴斯著,沈崇麟译:《科学决策方法——从社会科学研究到政策分析》,重庆大学出版社 2006 年版,第 67 页。

1. 不冒不能承受的风险。

教育改革具有风险，其中有些风险是难以感知、难以预测的，对于这些风险我们是无能为力的，只能勇敢地去面对、承担，"我们处理问题，要完全没有风险不可能，冒点风险不怕"。① 但对于教育改革中可以预期的风险，我们却要谨慎为之，不冒不能承受的风险。"'可接受风险'的议题——也就是对'这种特定的文化而言，多安全才算是安全？'的议题——是不容忽视的"②。人的生命只有一次，人的发展具有不可逆性，作为旨在促进人更好地发展的教育改革更应该考虑改革会存在什么样的风险，这些风险会给教育中的人带来什么样的后果，这些后果他们能否承受，这是由教育的内在价值所决定的。

我们以高校扩招为例，来分析其风险性。从经济学中的成本——收益分析来看，每增加一个单位教育都要付出机会成本，即教育的边际社会成本（marginal social cost，MSC）。从正面影响来看，生产的这种变化使社会获得新生产的教育，而每一后续的学年教育所增加的社会福利被称为新的学校教育的边际社会收益（marginal social benefit，MSB）。③ 在一般情况下，当一种活动的收益超过成本时，这种活动的扩大就会提高社会福利。在扩招之前，我国的高等教育尚属于精英教育，不能满足社会发展的需要，也不能满足广大民众对高等教育的需求。扩大高等教育规模，让更多的人能进入大学，无疑可以提高个人的竞争能力，提高整个国家的整体竞争力，因此，高等教育走向大众化势在必行，此时高等教育消费的社会溢出效应为正。但是当高等教育达到一定的规模之后，其边际社会成本与边际社会收益二者会逐渐趋于

---

① 《邓小平文选》第三卷，转引自周显信：《目标与代价——当代中国现代化的发展逻辑》，人民出版社2003年版，第86页。
② [美]芭芭拉·亚当、乌尔里希·贝克、约斯特·房·龙编著，赵延东、马缨等译：《风险社会及其超越：社会理论的关键议题》，北京出版社2005年版，第42页。
③ [美]夏普、雷吉斯特、格里米斯著，郭庆旺、应惟伟译：《社会问题经济学》，中国人民大学出版社2000年版，第9页。

相等,二者相等时社会福利为最大。随后,按照"边际收益递减"法则,高等教育扩招的边际社会成本会超过其边际社会收益。高等教育规模如果超出了各方面的承受能力时,会产生一系列的负面效应,如大学生就业难、教育质量下降,以及扩招后高等教育的全面收费对农村基础教育带来的冲击等。因此,要使高校扩招达到最优水平,必须考虑扩招会具有什么样的风险,依此来确定扩招的规模、速度,以及应提供的配套措施等,否则高校扩招的社会溢出效应会逐渐转为负,致使付出一些不必要的代价。

总而言之,对一项改革措施的出台,决策者应通过各种方式(如公众参与等)对可能的风险进行充分预期,尽量减少这项改革措施可能产生的负面影响。

2. 考虑损失的可能性。

人们大概都会承认没有十全十美的教育改革决策,即使有,也难免会产生一些意想不到的后果,"人们肯定可以想象或预估一个行动的短期后果,但它的长期后果是不可预测的"[1]。正如前面所说的,教育改革是一项复杂的系统工程,它不是一项简单的"按图索骥"的活动,而是一个动态的过程,会生成许多不可预料的问题。富兰列举了一系列复杂的意外因素:"政府政策的改变或经常被重新解释;关键领导人离任;有接触的重要人物调动了工作;新技术的发明……"[2] 这些因素都会在某种程度上影响改革的成效,甚至会带来一些负面影响,致使人们付出一定的代价。既然如此,我们就应该对教育改革所具有的风险抱有一种"畏惧感",对教育中的人有一种"敬畏感"。人是最重要的,不能随心所欲地进行改革,将教育当作自家的"自留田",想怎么试验就怎么试验。

---

[1] [法]埃德加·莫兰著,陈一壮译:《复杂性理论与教育问题》,北京大学出版社2004年版,第68页。

[2] [加]迈克尔·富兰著,中央教育科学研究所、加拿大多伦多国际学院组织翻译:《变革的力量——透视教育改革》,教育科学出版社2000年版,第12页。

风险是客观存在的，这就要求教育改革者具备估计相对风险的能力，考虑改革政策和实施过程可能存在的风险，估计风险的大小、出现的概率，不能因为某一风险发生的概率极低而以为万无一失。根据"莫非定理"，一个事件发生的可能性小并不意味着它不发生。在进行教育改革时，教育改革者要考虑一项教育改革措施可能会给社会和教育中的人带来什么，权衡利与弊、得与失，不做无谓的"牺牲"。在管理学中，有一种分析方法称为 SWOT 分析，即态势分析，就是将与研究对象密切相关的各种主要内部优势（strength）、劣势（weakness）、机会（opportunity）和威胁（threat）等，通过调查列举出来，并依照矩阵形式排列，然后用系统分析的思想，把各种因素相互匹配起来加以分析，从中得出一系列相应的结论。运用这种方法，可以对研究对象所处的情景进行全面、系统、准确的研究，从而根据研究结果制定相应的发展战略、计划以及对策等。教育改革决策者同样可以借鉴这种分析方法，分析现时进行改革所具备的优势、尚不具备的条件、改革所面临的机会和可能受到的威胁。通过对这四个因素进行系统的分析，能够更好地进行决策。虽然现实中没有什么决策是十全十美的，能达到所有的标准，但通过考虑教育改革损失的可能性及大小、分清问题的轻重缓急，决策的质量却是可以提高的。

3. 不因小失大。

对于改革，一般会存在两种截然相反的态度，即保守主义（或称悲观主义）态度和激进主义（或称浪漫主义）态度。保守主义者对教育改革可能会产生的问题忧心忡忡，认为既然一切行动都会导致事与愿违的结果，最好是避免介入这类行动，认为停步不前胜过付出代价；而激进主义者则相反，他们认为任何的改革都具有风险，都会付出代价，试一下又何妨？这两种态度都是不可取的，我们既不能"因噎废食"，也不能"盲目冒进"。

教育改革关系到国家、社会以及千家万户的利益，需要我们对改革持有一种理性的、审慎的态度，无论是在其决策阶段还是实施阶段。进行一项教育改革必然存在风险，但是改革现状已刻不容缓了，此时如果因为害怕风险，而不去进行改革，则会对社会、对人的发展带来更大的损失。正如我们不能因为素质教育在实施过程中会存在一定的风险，就认为不应该实施素质教育一样，应试教育的弊端是有目共睹的，难道我们还有理由继续维持应试教育？事实已经证明，即使不行动同样也会有风险。如何判断一项行动是否值得，有三种方法来排列各种可能的选择：①以不采取行动的结果作为基线，并对结果以它们加总的概率进行加权；②列出每一种选择的最坏的结果——如果决策者极度谨慎；③以每种备择方案的最大的最小化所得为序，对所有方案排序（"我们可以取到的最小量是……"）。[1] 权衡各种选择，当各种选择都有价值时，尽量做到"舍小利逐大利"，不因小失大。如风险无法避免，避免风险可能会代价高昂，那么这样的风险是值得去冒险的。

　　当然，用纯技术的手段来分析风险特别是社会领域的风险具有很大的局限性。客观地说，并非所有风险的大与小都是确定的，风险（尤其是社会领域的风险）具有很大的相对性。首先，什么是有害的结果依赖于人们的价值与偏好。如果仅把有害结果限制在物质危害，风险的判定是容易的。但当有害结果包括价值侵犯、不公正或社会利益时，对结果的评价在不同群体中会大相径庭。因此，风险往往被视为一种文化或社会建构，而非一事件或活动的客观属性；其次，人类活动和后果间的相互影响比技术风险分析中使用的平均概率所能把握的要复杂和独特得多；再次，管理和控制风险的制度结构易于产生或可能增加实际风险的组织失败和弊端。最后，大小和概率的数字结合假定了两个成分的同等重要性。这暗示着"严重后果/低概率"和"不严重后果/高概率"事件之间是无差异的，有相同的预期值。[2] 如何来评价一项

---

[1] [美] 罗杰·J. 沃恩、特里·E. 巴斯著，沈崇麟译：《科学决策方法——从社会科学研究到政策分析》，重庆大学出版社2006年版，第68页。

[2] [英] 谢尔顿·克里姆斯基、多米尼克·戈尔丁著，徐元玲、孟毓焕、徐玲等译：《风险的社会理论学说》，北京出版社2005年版，第66～68页。

教育改革风险的大小,也许要通过公共协商形成一种可接受性的标准,且要考虑标准的适用范围和时间限度,以此来衡量教育改革风险的大小。

三、教育改革风险的应对策略

风险与危险密切相关,风险可以看作是潜在的危险。如果对风险缺乏有效的应对,很可能付出代价。在教育改革中,如何应对那些可能给社会、人和教育自身带来危险的风险呢?关键是要准备好对策,做到有备无患。

(一) 转换改革思维,确立风险意识

教育改革是一项复杂的系统工程,要求人们转换改革思维,即超越一种简单的、线性的"输入—输出"式的"工程思维",以复杂思维来应对复杂的教育改革。莫兰认为,复杂思维是一种懂得处理、质问、淘汰和保存矛盾的思维。这种思维考察处在关系、关联和组织中的对话方法、循环回路和全息摄影的复合体。[①] 教育改革关涉方方面面的人与事,不仅有物质层面和制度层面的变革,还包括人的思想观念在内的文化层面的变革,而这恰恰是最为复杂的。一般而言,人的行动具有双重性,它在达成一定目标的同时,也可能带来一些意想不到的"副产品","行动可能有三种意想不到的后果,如同海施曼(Hirschman)所清理出的:逆反效果(意外的有害效果多于所期望的有益效果),革新的落空(愈是促使它变化,它愈是保持为同一事物),使既得成果陷于危境(人们希望改善社会,但只是成功地取消了自由或安全)"[②]。这要求改革决策者尽可能预测每一项决策可能产生的后果,并对这些后果进行对比性分析与评价,做出适当选择。

另外,教育改革者应该具有改革的风险意识。提升风险意识是风险管理

---

① [法]埃德加·莫兰著,陈一壮译:《复杂性理论与教育问题》,北京大学出版社2004年版,第71页。

② [法]埃德加·莫兰著,秦海鹰译:《方法:思想观念》,北京大学出版社2002年版,第218、219页。

过程的出发点。风险意识是吉登斯等人所说的反思现代性的核心，通过提高现代性的反思能力来建构应对风险的新机制。教育改革者具有风险意识，首先，要承认风险的客观存在，在风险面前采取更加主动的自我保护措施；其次，尽可能地分析出会有哪些风险，是否还有未被认识到的、把那些令人恐惧的危险转变为熟悉的、可以预见的风险；再次，这些风险可能会带来哪些后果，这些后果是否能够承受或是否值得去承受。这也就是要追问代价，追问代价的大小，教育改革所预期的收益是否值得付出相关的代价；最后，对不可规避的风险，或规避之后会造成更大损失的风险，要引导人们进行合理的风险分担，防止出现"马太效应"，即"最少受惠者"承受较大代价，而"最大受益者"却承担较小的代价。

（二）认真汲取中外历史上教育改革的经验

历史是现实的镜子。唐太宗说过："以铜为鉴，可以正衣冠；以古为鉴，可以知兴替；以人为鉴，可以明得失。"认真汲取中外历史上教育改革的经验，能让我们的教育改革少走许多弯路，少冒许多不必要的风险，少承担许多不必要的代价。历史总有惊人的相似性。以新一轮基础教育改革为例，指导这次教育改革的许多新的理念来源于美、英等西方国家。但是似乎从美、英等国教育改革所经历的失误中，我们并未汲取到应有的经验与教训。在某种程度上，我们在重蹈覆辙！美国20世纪的教育改革的一个重要特点是教育改革的"钟摆现象"，"一直在三项目标'升学'、'就业'和'全人'之间游移，并因此饱受了社会的指责和批评"[①]。为什么会出现"钟摆现象"？如何避免"钟摆现象"？新一轮的基础教育改革并未认真地总结这些经验、教训，交了不该交的"学费"。这也是造成教育理论界关于"轻视知识"的激烈争论的原因之一。学术争论的价值是值得肯定的，毕竟它有助于我们厘清一些观念，为教育改革的进一步推进提供有力的智力支持。只是别人犯过的错，我们有

---

① 杨爱玲：《基础教育课程改革存在缺憾的原因反思》，载《教育学报》，2007（1）。

何理由重来一遍？冒这种风险（也许已经不能称之为风险了，风险有不可感知性）是否值得？这种代价是否太高？

如何对待传统？是剔除，还是维持？希尔斯赞同有选择地否定传统，因为在他看来，传统是不可或缺的，同时也很少是完善的。传统的存在本身就决定了人们要改变它们。传统是我们的根，决定了我们不能全盘否定传统，不能像"理性主义和科学主义的庸俗主义那样，一听到'传统'一词就怒不可遏"[①]；同时传统不是完美的，我们必须对其进行扬弃。太阳底下没有新东西，很多旧的问题只不过在以新的形式出现。那种崇尚"大破大立"、推倒一切重来的"教育革命"的苦头我们已经尝过，教育革命所付出的代价是我们不能、也不应该承受的。历史是镜子，以史为镜可以使人明智。今天的教育改革应该从历史中汲取有益的经验，无论是我国的还是外国的。历史已经证明"大破大立"式或"完全照搬"式的教育改革都是难以成功的。

总而言之，教育改革要正确处理中外关系、传统与创新的关系。黄济先生对这两对关系作了深刻的总结："教育改革，不但要求创新，同时要求在继承中创新。历史经验是一项宝贵的教育资源，需要有分析地批判继承，也需要结合实际创造性地发展。盲目地搬用别国的经验是行不通的，全盘否定过去的经验也可能要走回头路。这种错误的过激的倾向，我们过去曾经有过，今天一定不要重犯。前事不忘，后事之师，紧紧地把握住实事求是的科学方法论，就能使教育改革与时俱进地健康发展。"[②]

（三）实施有效的舆情监控

舆情，通俗地讲就是社情民意，它是指在一定时期一定范围内，社会公众对社会现实的主观反映，是群体性的思想、心理、情绪、意志和要求的综合性反映。"春江水暖鸭先知"，当社会出现问题后，往往是身处社会中的敏

---

① ［美］希尔斯著，傅铿、吕乐译：《论传统》，上海人民出版社2009年版，第8页。
② 黄济：《关于教育改革的几点思考》，载《教育学报》，2005（1）。

感的人先察觉。教育改革者经过缜密的思考、调研、试验后实施的改革在实施过程中由于种种原因,也难免出现一些难以预料的问题。发现这些问题的并非一定是教育改革者,更有可能的是实施变革的一线的教育者以及学生及其家长。出现问题并不可怕,富兰说过,"问题是我们的朋友"。而且,"真正的问题不在于接受或拒绝我们社会生活中的丑闻、不公正、过错和愚蠢,而在于确定首要的任务,深入挖掘人们有效的纠正偏差的勇气和能力"[①]。邓小平同志谈到中国改革时曾说过,"改革没有万无一失的方案,问题是要搞得比较稳妥一些,选择的方式和时机要恰当。不犯错误不可能,要争取犯得小一点,遇到问题就及时调整。"[②] 也正是从问题中,我们找到了努力的方向与继续前进的可能。事实上真正可怕的是,对问题视而不见或不愿正视问题,反而极力地去作无谓的辩护或者抹杀问题。教育改革者回避公众所关注的问题,可能会招致公众的反对,增大改革的难度,甚至导致改革的失败。正如法国学者克罗齐埃所言,"拒绝考虑有关集团和阶层可能作出的反应,就会遭到危险的反对,就会面临使方案破产的危险"[③]。

要使教育改革获得最大效益,教育改革者应该善于听取来自各方的怨言、意见,甚至是诋毁,将其当作有益的资源,在此基础上不断修正教育改革的决策和实施,这样才能持续推进教育改革。

(四)走中庸之道,确保教育改革的和谐推进

既然有些风险是无法规避的,也是无法感知的,但是在未来可能会给人类带来难以预料的后果,这时,走中庸之道、保持必要的张力是教育改革者非常明智的选择。孔子提出的"中庸",亚里士多德提出的"中道",库恩提

---

① [法]米歇尔·克罗齐埃著,程小林等译:《论法国变革之路——法令改变不了社会》,上海译文出版社1986年版,第26页。
② 《邓小平文选》第三卷,转引自周显信:《目标与代价——当代中国现代化的发展逻辑》,人民出版社2003年版,第86页。
③ [法]米歇尔·克罗齐埃著,程小林等译:《论法国变革之路——法令改变不了社会》,上海译文出版社1986年版,第7页。

出的保持"必要的张力",表达的都是同样的意思,即防止出现极端的问题。

教育改革的和谐推进包括两层意思:一是教育改革与社会改革之间的和谐。教育改革是社会改革的重要组成部分,其发展应与一定时期内的经济、科技、政治体制等社会改革协调一致,相互影响,彼此促进。对于二者,应该避免出现"扬此抑彼"的现象。二是教育领域内各组成部分的和谐。如高等教育与基础教育、城乡之间的教育、区域之间的教育协调、均衡发展,控制、缩小它们之间的自然的、人为的差距。

教育改革不能"为所欲为",应该在一定条件下展开,在"过"与"不及"之间寻找行动的合理限度,实行有限度的发展。就教育改革中常见的公平与效率的关系而言,在不同的发展时期,侧重点应有所不同;保持二者之间必要的张力是实现社会可持续发展的前提之一,反对走极端,反对非此即彼的两极思维。教育是一种培养人的活动,它具有伦理价值取向,要求教育改革者关注所有学校和学生的发展,理想的做法是公平地分配教育资源;但是由于教育资源特别是优质教育资源如同经济资源总是稀缺的,而人们对教育资源的需求总是日益在增长,因而"帕累托最优"[①]一般难以实现。为了弥补帕累托标准的缺陷,人们在实践中一般采用"希克斯——卡多尔标准",亦称"改进的帕累托标准"。这一标准强调,在改革总收益大于总成本的前提下,若改革收益者能补偿受损者的损失,那么改革就是值得的和可持续的。这样,为了确保改革的公正性,国家在一定的时期实行倾斜性政策是很有必要的。但是,这种倾斜性政策必须做到在不同的时期有不同的倾向,不是长期倾向于同一地方或区域,而让另一个地方或区域长期遭受损害,否则又会

---

① 当且仅当某一体系"没有一种科学的可供选择的状态能令至少一个人境况变好而不令别人境况变坏。一种状态即是 S^1,相对于另一种状态即 S^2 的帕累托优态,当且仅当至少有一个人在 S^1 中的状况好于 S^2 中的状况,而无人在 S^1 中的状况劣于在 S^2 中的状况。"——[美]艾伦·布坎南著,廖申白、谢大京译:《伦理学、效率与市场》,中国社会科学出版社1991年版,第6页。

陷入功利主义的"陷阱"之中,看似合理实则不然;同时要对做出牺牲的地区进行补偿。罗尔斯对公平与效率的关系分析是比较在理的,他认为公平合理的社会必须具备公平合作(意愿)、效率和稳定三要素。在这三个要素中,公平合理是最基本的,效率必须是公平前提下的效率,持久的稳定也只能建立在社会公平的基础上。因此,任何社会道德哲学都必须遵循"最低的最大限度规则(或论证)"[①]。其基本要求是,社会的公平分配基线既非社会的绝大多数,亦非社会的平均值,更不是少数优越者,而是少数处于社会最不利地位的人。唯有这样,才能既对少数最不利者有利,也在长远意义上对大家有利。教育事业的公益性质,要求政府在公平与效率之间,以公平为优先价值取向。

走中庸之道,有所为而有所不为,从而避免"明知不可为而为之"的现象出现,这也是防止教育改革的风险产生不必要代价的重要前提。

(五)先试验,后推广

在教育改革大规模推广之前,先进行小规模的实验无疑可以防范由于忽视教育改革的现实基础,例如地方差异所带来的风险。在自然科学领域,自然科学的结果大规模用于实际之前,都要进行实验,主要是小规模的实验室实验。这种实验的对象大多数是无生命的物质,或有生命的动物(常见的如小白鼠)。"人们预设在自然上做出的一些改变,随之也容易得到估价,除此之外,它也没有带来什么损害,最后,即便是有了什么损害,也是可逆的"[②]。因此,自然科学实验一般具有5个特征:小规模、无生命的物质或有生命的动物、结果的可估价性、无损害、可逆转性。但是,自然科学的伦理性也受到了质疑,例如小白鼠的生命是否值得牺牲?再如结果的可逆性,伽利略做落体实验的那块石头,他能把它再放回原地,但是已被释放出来的放射性物

---

① 参见万俊人:《寻求普世伦理》,商务印书馆2001年版,第390页。
② [德]奥特弗利德·赫费著,邓安庆、朱更生译:《作为现代化之代价的道德》,上海世纪出版集团2005年版,第64页。

质能够让它"再收回来"吗?

　　享有高度"客观性"的自然科学实验尚无法逃脱人们的质疑,何况教育改革呢?"教育"被看作一项道德事业,教育改革同样被赋予了这样一种理想色彩。教育改革是为了人和关于人的社会实践活动,人的发展才是它最终的目的。"我们只能在肯定'生命自身的生长是有价值的',或者'生命的生长本身是善的'的前提下,再去进行一些道德上的'假设'和'实验'"[①]。我们首先要预设教育改革是为了促进人的发展而展开的,至于人的发展所带来的社会发展,则应该是教育改革的副产品,虽然教育改革者的初衷也许正好相反。教育改革不可避免具有某些风险,为了将风险降到最低,应该先在一定范围内进行小规模的试验,然后总结经验,再逐渐根据各地的实际情况有所选择地推广。也就是说,教育改革所推进的过程应该经过试验——调适——推广三个阶段,循序渐进,不能盲目讲求速度。另外,即使是小规模的试验也必须谨慎为之,应该在有详细的改革方案之后再去进行试验,理由同样在于试验的对象是人。人的发展是一个过程,教育改革同样也应该有一个较长的过程,要防止用急功近利的、浮躁的心态去指导教育改革。推行教育改革,应该步步为营,稳扎稳打,这是其首要原则。教育改革需要有理想主义精神,但必须根植于社会现实的土壤,不能变成纸上谈兵的"乌托邦"。

　　值得注意的是,在防范与管理风险的过程中,还可能会遇到以下一些悖论,比如:减少风险的措施可能给处于风险中的相关人员造成更大的风险;为某个社会行为者创造安全的举措可能无意识地给另一个行为者带来更大的风险;减少风险的政策可能给所有行为者带来不安全;某个团体的乐观行为可能对另一个团体产生意想不到的不安全;对一个团体的保护可能造成对所有团体的伤害。[②] 而正是这些悖论产生了教育改革中的一些两难问题,典型的

---

　　① 田光远:《科学与人的问题——论约翰·杜威的科学观及其意义》,复旦大学出版社 2006 年版,第 160 页。

　　② 杨雪冬等:《风险社会与秩序重建》,社会科学文献出版社 2006 年版,第 43 页。

如个人利益与公共利益之间的两难问题,像前文提到的"重点学校制",鉴于建国初期人才的极度缺乏,集中优质教育资源建设一批优质学校,是合乎当时国情的,也确实为新中国的建设培养了大批的建设者。但是,"重点学校制"无疑损害了一部分人同等受教育(特别是优质教育)的权利或部分学校同等发展的权利。因此,如何应对改革中防范与管理风险时出现的一些悖论,同样是风险管理、风险防范的一个关注点。

第二节 教育改革主体的责任意识

对于一项科学实验,科学家担负着什么样的责任?他们是否只是对科学实验负责,而对科学实验结果的运用不承担任何责任?对于这个问题,赫费这样认为,"对于科学的现代化,我们找到了三类主导的动力:内在的知识冲动、人文性的冲动和乌托邦的冲动。相应地有三类责任:除了对客观性具有内在于知识的责任外,科学担负着两种人文性的责任,一是为科学实验负责,另一个是为科学发现付诸实践负责。"① 因此,在他看来,附加的责任本身即是改革的一个必然结果,即科学家也应对科学发现在实践中的实施承担某些责任(特别是伦理责任),如克隆人(克隆动物似乎争议不大,但克隆人却是为人们所反对的,克隆人具有一系列的后果,在伦理上是不可接受的,有悖于人类的完整性与道德观,其违背了以增进人类福祉为己任的科学家的道义和责任)。正如美国前总统克林顿于 1998 年 1 月 10 日向公众发表的讲话:"科学进步不会在道德真空中出现,脱离价值观的技术发展,将不会使我们朝

---

① [德]奥特弗利德·赫费著,邓安庆、朱更生译:《作为现代化之代价的道德》,上海世纪出版集团 2005 年版,第 78 页。

迎接21世纪的挑战或收益方向迈出一步。"①

教育改革也是一场实验，但它与科学实验的不同在于，它是以人为对象的，大部分是在常态下进行的。从根本上来说，教育造就未来的人类，涉及社会的未来，"教育者必须具有比从事其他任何工作的人更为敏锐地洞察未来社会与人类的能力，而且还肩负着必须为此事业努力奋斗的职业性使命"②。这决定了教育改革更应该遵循一定的伦理价值，要求教育改革者对教育改革的各个环节（决策、执行、实施、结果）具有高度的责任意识以及勇于承担责任的态度。责任对教育改革者来说是非常重要的，"教育改革需要借鉴最好的经验，尝试各种各样的手段（不论是有经验支持还是理论依据），对结果加以鉴定，必要时加以调整。既然系统如此复杂，彼此缺乏理解，相互作用的因素纠缠不清，那么关键就是要在一系列强烈的责任下去推行改革，对改革可能实现的最佳方式有所了解"③。

柏拉图说过，人生非为自己而活，我们的国家和我们的朋友都需要我们为他们尽一份义务。教育改革旨在使教育更为完善，那么教育改革者即承担着此重任。

一、何谓责任意识

"责任意识"是责任的主观形态，因此，要理解责任意识是什么，首先要知道责任是什么。"责任"是一个语义模糊的概念，与"责任"密切联系的概念是"义务"、"惩罚"、"后果"等。赫费认为，多义性首先不能归咎于概念上的模糊性，而是要归结为现象的多面性。

---

① 《锡德要"克隆"人》，长沙晚报，1998-02-13。转引自陈芬：《科技理性的价值审视》，中国社会科学出版社2004年版，第175页。

② [日]香山健一著，刘晓民译：《为了自由的教育改革——从划一主义到多样化的选择》，高等教育出版社1990年版，第2页。

③ [加]莱文著，项贤明、洪成文译：《教育改革——从启动到成果》，教育科学出版社2004年版，第193页。

责任在古希腊叫做"Protreptikos",意指"告诫、提醒"。责任的词根是拉丁文的"respondere",意味着"允诺一件事作为对另一件事的回应"或"回答"。在汉语中,责任最通常的含义是指与某个特定的职位(社会角色)或机构内相联系的职责,没有做好分内应做的事而应当承担的过失。

"责任"一词,在现代汉语中有三个基本意义项:一是分内应做的事;二是特定的人对特定事项的发生、发展、变化及其成果负有积极的义务;三是因为没有做好分内的事情或没有履行义务而应承担的不利后果或强制性义务。[①] 赫费则认为,责任具有四个基本的语义。第一种语义涉及一种特殊的责任,为特定的作用、功能和职务负责,或者涉及为行为的后果和附带后果负总的责任。在第二种基本语义里,追究责任,在字义上涉及的是一种答复。这里的答复并非是出于单纯的好奇,而是被一个问题所迫,这个问题本身就是带着控告,至少是嫌疑,说某一项职责被疏忽了。责任的第三个基本语义在于过错或过失,它涉及一种惩罚:赔偿和弥补,很可能也涉及处罚。这三种语义之间存在一种逻辑上的优先性。只有在证明了不仅存在某种职责,而且存在渎职的情况下,人们才可进行处罚。对一个人或团体进行责任追究,首要的前提是这个人或团体对某事承担着某些职责,且有渎职的情形。责任的第四个语义是责任需要服从应承担的道德。也就是说,道德是责任的应有之义。正如汉斯·尤纳斯(Hans Jonas)在其《责任原理》中写到,"责任是作为义务而被承认的对他人存在的操心,在他人可能受到伤害的威胁时,操心变成了担忧。"[②] 因此,纯粹就概念的逻辑性而已,责任包含着四个相互关联的方面:①在某人那里,②针对某事,③面对某人,④按照某些评判标准的尺度而存在着。追究和惩罚的问题就发生在这四极张力关系中:谁为了什

---

① 转引自唐宜荣:《责任与行动——中国城市反贫困责任伦理问题研究》,湖南人民出版社 2005 年版,第 31 页。

② [德]奥特弗利德·赫费著,邓安庆、朱更生译:《作为现代化之代价的道德》,上海世纪出版集团 2005 年版,第 74 页。

么在谁面前按哪些标准承担责任?① 可以看出,在汉语里,责任有广义和狭义之分,广义的责任是指人们所应为的行为的程度和范围,狭义的责任则指对违反某种义务所应承担的后果。而赫费所界定的责任基本上属于狭义的责任,即根据后果而进行责罚。

因此,责任意识作为责任的主观形态,主要是指一种责任感,做好自己分内的事,即尽到自己所应尽的义务,并对自己的行为将要产生的结果进行主动、积极的预期,将消极后果减少到最小程度。

二、责任意识的推进:引入责任伦理

从本质上说,教育改革是一项道德实践活动,承载着一定的伦理价值,需要在众多的目标选择中选取对人类社会发展有益的发展目标。因此,对教育改革所承担的责任必然具有某种伦理向度。责任伦理是一种伦理新维度,它是针对传统伦理学在当今技术时代、风险社会所面临的挑战而提出的。责任伦理关注人的未来发展,是一种前瞻性责任。如果说"责任"概念往往含有"不得不"的意味,那么责任伦理更强调一种责任意识,以未来的行动为导向,是一种积极的行为指导。责任伦理"以化责任为信念的道德责任意识为导向,以理性思考的判断力做保证,它是人独立自主地认识自己行为后果,并为自己行为承担责任的一种道德实践能力,它是一种实践理性、道德理性"②。教育改革具有风险,会产生代价,将责任伦理纳入教育改革的视野同样具有重要的理论和实践意义。

在伦理学理论形态演进的历史进程中,现代规范伦理的研究理论主要分为目的论(又称效果论)和道义论(又称义务论)两大流派。它们一起构成

---

① [德]奥特弗利德·赫费著,邓安庆、朱更生译:《作为现代化之代价的道德》,上海世纪出版集团2005年版,第15页。

② 张春香:《韦伯伦理思想中的责任理性问题探讨》,载《江汉大学学报》(人文科学版),2006(3)。

了规范伦理的主要类型和谱系。目的论和道义论都论述到了责任,但基于二者各自的局限,它们关于责任的阐述无疑也会具有某些缺陷。

(一)超越目的论与道义论视域下责任的缺陷

1. 目的论视域下责任的缺陷。

目的论(teleological theories),又称效果论,是指一种以道德行为的目的性意义和可能产生或已经产生的实际效果为道德评价标准的伦理研究。① 目的论认为,判断一个人的行为是否符合道德要求的标准和依据,主要是看该行为所产生的实际效果或所带来的实质利益,而不论及该行为的动机以及行为发生的背景、条件和过程。对目的论者来说,行为的实际价值和现实效应才是最重要、最根本的道德判断依据。因此,要决定是否追究一个行为主体的责任,主要是根据其行为所产生的后果以及目的的实现程度,而不问其动机是否符合道德。

因此,目的论视域下的责任是有条件的,其缺陷也是显而易见的。如果仅以行为的实际效果来衡量行为的价值,无疑会导致行为者的功利主义,只求改革带来的最终效果,而忽视改革的动机和改革过程中不同群体的利益划分。事实上,功利主义也的确是目的论的典型代表。功利主义理论认为,行为和实践的正确性与错误性只取决于这些行为和实践对受其影响的全体当事人的普遍福利所产生的结果;所谓行为的道德上的正确或错误,是指该行为所产生的总体的善或恶而言,而不是指行为本身。② 如此,只要行为能够增加社会的总体福利,那么这项行为就是公正的,只有追求最大多数人的最大幸福的行为,才是最高的善和德行。在社会实践中,功利主义的"最大多数人的最大幸福"遭到了来自各方的质疑与挑战,其中最主要的有新自由主义者(如罗尔斯等人)和社群主义者(如麦金太尔)等。功利主义追求社会幸福总

---

① 万俊人:《寻求普世伦理》,商务印书馆2001年版,第130页。
② [美]彼彻姆著,雷克勤等译:《哲学的伦理学》,中国社会科学出版社1990年版,第108页。

量的增加，而不考虑不同人群享有幸福的量的大小，"即使一项政策将严重伤害一部分人，或许造成他们的死亡，但是只要它所产生的净效用使得社会总效用最大化，那么我们就没有理由拒绝它"①。事实上，社会幸福总量的增加有时会违反公正原则，是以一部分人利益的损害或丧失为代价的。从公正原则的角度来说，所有人都应该得到同等的对待，一项社会制度不可以把善总额的较大增量作为最终的制定依据，而任意牺牲少数人的合法利益去满足最大多数人的"合理"愿望，以求得总体上的最大利益。否则，追求社会福利的总体增长极易成为一些改革者肆意损害少数人利益的借口。

另外，以行动的后果为确定责任的唯一标准还存在另一个困境：对于一项行动来说，有些结果是即刻显现的，而有些结果却是潜在的，很长时间才能显现，这时，该如何确定潜在后果的责任主体呢？如何确定责任主体承担多大的责任呢？

2. 道义论视域下责任的缺陷。

道义论（deontological theories，又称"义务论"），主要是指以责任和义务为行为依据的伦理学理论。该理论认为判断一个行为是否正当的标准，并非是依据该行为所产生的实际后果，而是取决于这个行为的动机，取决于该行为的动机是否出于纯真之善，是否符合某一相应的普遍道德准则。在康德看来，只有那些遵照源自善良意志的、具有普遍必然性的道德法则而行事的行为才能称为义务或责任。那么，决定善良意志和道德义务的规律又是什么？康德认为，出于纯粹理性自身的"绝对命令"是人们道德行为的最高法则，具有普遍的有效性。这三条先验的道德法则包括：第一，不论做什么，总要做到使你的意志所遵循的准则永远同时能够成为一条普遍的立法原理。② 第二，你必须要这样行为，做到无论是你自己或别的什么人，你始终把人当作

---

① ［美］伊安·夏皮罗著，姚建华、宋国友译：《政治的道德基础》，上海三联书店 2006 年版，第 34 页。

② ［德］康德著，韩水法译：《实践理性批判》，商务印书馆 1999 年版，第 30 页。

目的，总不能把他只当作工具。第三，个个有理性者的意志都是颁布普遍规律的意志。①

不同于目的论提出的有条件的责任，道义论的责任是绝对的，即它必须合乎某些道德准则。由此，道义论提出的责任也并非完美，它走到了另一个极端，不问结果只讲动机。按道义论的责任标准，科学家只需进行科学实验，只对科学实验本身负责，而对科学成果在现实中的运用却不承担任何责任。正如前面已经说过，技术的发展不可能在道德的真空中进行，科学家不仅对科学实验负责，同时也要对科学成果的运用负责。另外，由于人的认知的有限性、行动条件的客观制约，很多时候尽管动机是好的，但所产生的负面效应却是不小的，将动机与后果分开考虑，也容易产生巨大的社会风险。

因此，对于行为主体来说，责任必须面向行动的动机、过程以及结果，也即行为主体要有合乎社会基本道德准则的行为动机，对行为过程和结果承担应有的责任。纯粹目的论和道义论视域下的责任都是有缺陷的，合理的责任界定应该考虑到这两个方面。而责任伦理对二者的责任概念都是有所超越的，这在下面会专门谈到。

(二) 教育改革主体及其责任伦理

客观而言，任何参与教育改革的人员都应该承担相应的责任，责任并不只是少数决策者的"专属"，只是不同的人或群体承担的责任有大小之分，有直接间接之分。对于教育改革，参与教育改革的各类人员应该承担什么样的责任是应该厘清的。否则，当教育改革出现代价后，由于教育改革主体的责任范围不清晰，容易出现推卸责任或"踢皮球"的现象，互相推诿责任，如决策者将改革的低效看作是改革实施者的不力，而改革实施者则将之归因到改革决策者的不务实。如此的"公婆之争"正是由于教育改革主体责任不明

---

① [德]康德著，苗力田译：《道德形而上学原理》，上海人民出版社1986年版，第43、48页。

确造成的，这无疑会在某种程度上损害政府、教育在公众心目中的形象，失去他们的支持，甚至遭到他们的反对。

责任既可以从实践角度也可以从伦理角度来理解。从伦理角度来看，行为主体不仅承担着与自己角色相当的职务责任，同样也担当着道义责任，而且从某种程度上说，道义责任相对于职务责任更应占据优先地位。

1. 教育改革主体的界定。

"责任"不是一个无主语的概念，"负责任"的主体总归是作为人的主体，无论是个体还是群体，责任无法离开活动的主体。

在哲学里，主体是与客体相对应的，是指实践活动或认识活动的承担者，而客体则是主体实践活动或认识活动的对象。这里的主体既可以指作为行动主体的个人，也可以指一个个的团体。在大规模的社会变革等实践活动中，主体很难是单个的个体，而是一些具有不同权力、承担不同责任的团体。在教育改革中也是如此。但是，具体说来，不同规模的教育改革所涉及的面并非完全一致。正如叶澜教授所认为的，教育"变革涉及的面越广，性质越复杂，任务越艰巨，需要的时间越长，主体的构成与相互关系就越复杂，主体的状态对变革的影响力也越大"[①]。她从不同主体对教育变革的作用的角度，将教育变革主体分为三大类：利益主体、决策主体和行为主体。另外，根据主体所处的社会结构层，将这三大类的每一类又分为政府、社会和教育内部三个层面，而三个层面中的每一层面又会有层级的区别。同样，如果想描绘出教育改革的主体结构图，必然是一个复杂、多层的层级图。

利益群体是指与教育改革有利益关系的个人或组织。任何一个社会都会存在不同的利益群体，因此，教育改革必然会涉及不同群体的利益，可以说，对利益的追求是驱动人们进行教育改革的重要原因之一。根据利益群体与改革的关系，可以分为直接利益主体和间接利益主体，或者主要利益主体和次

---

① 叶澜：《当代中国教育变革的主体及其相互关系》，载《教育研究》，2006（8）。

要利益主体。叶澜教授认为，组成教育改革利益主体的主要是：政府（其是首要构成）、社会对教育"产品"（包括人）的需求者、教育内部的家庭（家长和受教育者）和教育机构的相关人员（直接从事教育工作的教职人员）。根据利益主体的性质来分，又可分为两类：一类是存在教育实践系统之外的，以享受"教育（改革）"成果的社会利益主体，也可称为间接利益群体或次要利益群体；一类是存在教育实践系统之内的，以获得个体发展和社会资本的方式体现的教育利益主体，也可称为直接利益群体或主要利益群体。根据利益群体的层次来分，可分为国家、集体和个人。这三个层次对教育改革有着各自的利益。从个体层面来讲，主要是获得制度化教育中的优质教育机会；在群体或组织层次上，它们之间的利益之争主要表现为教育资源和系统性的教育机会的竞争；从国家层面来讲，其利益主要表现在依据国家经济发展的阶段和国家的性质，通过教育来完成两个主要的任务：培养国家经济和科学技术发展所必需的人才；传播一套符合国家和社会稳定、政权稳定所必需的信念与文化意识形态。[1]

从教育改革的发生来看，首先要有教育改革的决策。因此，决定和策划教育改革的人便构成了教育改革的决策主体。按叶澜教授的分类，教育改革的决策主体可以分为：国家和地方最高权力机构的决策主体、中央和地方政府分管教育部门的决策主体，以及相关下属部门与教育机构内部的决策主体。相对来说，西方教育决策主体更加多元，非官方的主体也被纳入到教育决策中，如政策学者霍根（J. R. Hough）将西方发达国家教育决策主体分为官方和非官方两类。官方的主体有五类：政府层，如国家元首、国会、总理或总理大臣、执政党、内阁；教育部长、教育主管部门及其下属机构；负责考试、课程设置与发展等活动的其他教育机构；咨询机构以及中介组织。非官方的

---

[1] 刘精明：《国家、社会阶层与教育——教育获得的社会学研究》，中国人民大学出版社 2005 年版，第 197~198 页。

主体包括各利益集团、各政治党派和大众传媒。① 将非官方纳入到决策主体的组成成员中，这有其合理性。正如前文所说，教育改革的决策过程应该是一个多元主体共同协商的过程，除了官方的主体外，非官方的，例如公众、媒体等也应该具有决策权，更确切地说具有影响教育改革决策的权力，他们的声音能为主要决策者所听见，他们提出的建议能为主要决策者所考虑。这同时也说明，教育改革的利益主体也有参与决策的权力，所不同的是决策权力的大小。参与决策是教育改革利益主体的利益表达途径。学科专业研究人员（特别是教育理论工作者）及其他专家等主要是以咨询者的身份参与到教育改革的决策中。此外，教育改革行为主体并非只是改革政策的被动执行者，他们同样具有参与、影响教育改革决策的权力。总的来说，教育改革决策主体应该包括"决策者、咨询者和执行者"②。

教育改革的行为主体实质上也是教育改革过程的参与者、教育改革决策的实施者或执行者。当然，教育改革的行为主体并不仅仅是教育改革决策的执行者，也是根据改革的实际情形决定自己行为的决策者。叶澜教授认为，教育改革的行为主体构成主要分为管理人员、教师以及其他直接面对教育对象的教育工作者。此外，在当代教育中，媒介的发展也使得教育改革的行为主体更丰富、复杂了，社会中提供教育服务的人员也会为了自身的利益参与到教育改革过程中，因此不可忽视他们的影响力。

当然，这三类主体不是可以决然划分的，而是有所复合的，如决策主体也是利益主体。同时，随着教育改革的推进，不同阶段的主体地位也可能会发生转换。总之，"变教育变革单一主体观、模糊主体观为复合主体观，认清

---

① J. R. Hough, *Educational Policy: An International Survey*. Groom Helm London & Sydney, ST. Martin Press, New York, 1984. p18-21. 转引自祁型雨：《利益表达与整合——关于教育政策的决策模式研究》，华中师范大学2003届博士学位论文电子版，第71页。

② 祁型雨：《利益表达与整合——关于教育政策的决策模式研究》，华中师范大学2003届博士学位论文电子版，第71页。

教育变革主体复杂和动态变化的相互关系，强调不同主体的积极合力的形成，提高不同主体的责任意识与能力，是当前我国教育变革深化和取得最终成效的重要保证"①。

2. 责任伦理的基本内蕴。

"责任伦理"这一概念是韦伯在其著名演讲《政治之作为志业》中首先提出的。在这篇演讲中，韦伯对良知伦理（又称为信念伦理、心志伦理等）和责任伦理进行了区分。良知伦理与道义论的责任观相似，旨在追求一种终极的善，只要动机是善的就可以了，而不管结果如何。而且，在良知伦理看来，"若一个纯洁的意念所引发的行动，竟会有罪恶的后果，那么，对他来说，责任不在行动者，而在整个世界、在于其他人的愚昧、甚至在于创造出这班愚人的上帝的意志"②。而责任伦理与此相对，列入考虑的正是良知伦理的缺陷，强调在行为后果发生前就积极进行预测，以高度的责任意识来规范实践行为，强调行为人对自己的行为后果负有责任，没有人可以把自己行动可预见的后果转嫁到他人身上。虽然责任伦理也强调以行为的后果来判断行为的正当性，这一点与目的论的责任观相似。但是，它又有超越后者之处，即它不仅关注后果，也关注过程，是一种自觉的、前瞻性责任，而目的论视域中的"责任"更多的是事后责任，是追溯性责任。责任伦理"并不寻找功利主义意义上的'善'，也不寻找道义论意义上的'权利'，而是试图融合二者的理想。'善'与'权利'的确定是由符合并建立在社会历史基础上的行动过程决定的"③。正是在韦伯那里，"责任"概念才不再仅仅局限在经济、契约、政治层面，它的道德内涵才为人们重新所重视。

---

① 叶澜：《当代中国教育变革的主体及其相互关系》，载《教育研究》，2006（8）。

② ［德］马克斯·韦伯著，钱永祥等译：《学术与政治》，广西师范大学出版社 2004 年版，第 261 页。

③ Jesse F. Dillard and Kristi Yuthas. 2001. A Responsibility Ethic for Audit Expert Systems. *Journal of Business Ethics*, 30.

尤纳斯、乔尔·费因伯格（Joel Feinberg）、汉斯·昆（Hans Kung）、汉斯·伦克（Hans Lenk）等人以"责任"范畴为基底建立了一门"责任伦理学"。其中，伦克真正区分了良知伦理与责任伦理。伦克认为，良知伦理在决策中起着重要的作用，在传统社会里，良知的最后主管是上帝，也就是说决策者只需对上帝负责即可，或者说上帝是行为不良后果的责任人。在今天看来，将责任归为上帝不过是人们推诿责任的一种形式而已。正如前面已经说过，文艺复兴之后，人类理性的启蒙使得将责任归之为上帝已经没有市场了，责任只能归到行为主体身上。而按照责任伦理行事，则要求对行为后果承担责任，因此，客观上需要利用各种可能的条件，考虑行动的可能相关因素，在力所能及的范围内充分估计行为可能会产生的各种结果。但是，在人类行动不确定因素日渐增长的今天，要人们完全估计行动的结果是不可能的，因此，从这一点上说，责任伦理更强调的是一种责任意识，要求活动主体审时度势，发自内心地对人、对事具有一种责任感，具有一种事前主动负责的心态。唯有如此，才会促使教育改革者谨慎地进行改革。

3. 教育改革主体的责任伦理。

确定教育改革的主体以及责任伦理的内蕴是为了明确，谁该对教育改革的代价负责，代价的产生应该追究谁的责任。涂尔干认为，责任是永远存在的。实际上，责任感就是促使人全力以赴。同样，最终效果要在人身上体现的教育改革，如何确保人的发展，如何将教育改革可能产生的代价减少到最小，应该是教育改革主体每一位成员义不容辞的责任。

第一，教育改革决策主体的责任伦理。所谓教育改革决策主体的责任伦理是指不同决策主体应该本着对教育改革高度负责的态度，并根据责任伦理的规范要求，针对现实需要做出科学、合理的决策。在一项复杂的教育改革中，教育改革决策主体不仅承担着作出能真正指导教育改革实践的决策的责任，而且也要对改革可能造成的后果进行预测，并承担相应的责任。教育改革决策主体应防止以良知伦理来规范自己的行为，认为只要自己的出发点是好的就足够，而实施得怎么样那是教育改革行为主体的责任。如果教育改革决策主体抱着这样一种态度进行决策是极不负责的，是有违责任伦理精神的。就教育改革的主要决策者——政府部门而言，其责任伦理应该具有可解释性，即教育改革举措可以做出合理的解释，改革的动机、决策、实施、结果都能得到相应合理的说明，只有这样才说明政府对教育改革具有责任心，否则就是不负责任的。在今天，政府的角色越来越从一个"全能政府"转向"有限责任"的政府，将属于市场的一部分权力归还给市场。但是，政府公共教育权力的转移并不意味着政府责任的减少，相反这个进程使政府承担更广泛、更复杂的责任，需要政府除了加强对自身权力的约束，还要加强对市场领域和社会领域权力的监管，以保障实现教育的公益性和教育领域的社会公平。转变职能后的政府的基本职能主要在于解决市场失灵与促进社会公平，为所有社会成员提供一种最低标准的义务教育，为满足最低标准的义务教育提供所需资源，保护教育领域的弱势群体，确保受教育者的权利。因此，对政府的责任伦理而言，主要在于维持教育改革中的公平，维护教育的公益性与教育公平，保证公民都有接受教育的机会，从而促进社会公正，促进社会的和谐发展。

第二，教育改革行为主体的责任伦理。所谓教育改革行为主体的责任伦理是指在教育改革过程中，参与教育改革的主体认真实施教育改革决策，但又不仅只是纯粹被动地执行决策，而是根据决策在现实中的实施情况决定如何实施、如何完善决策。这也是一种对教育改革负责的态度，如果教育改革决策在现实中遇到了一些阻碍，就要分析阻碍产生的原因，是外部的原因还是改革决策自身的原因，还是执行者的原因，并依此向决策主体提出反馈意见，帮助他们修正、完善决策，或提高自身的素养与能力，从而使得教育改革得以顺利进行。

第三，教育改革利益主体的责任伦理。不管是教育改革的直接利益主体还是间接利益主体，依据权利与义务对等原则，他们在享受教育改革成果的同时，也承担着与其权益相等的责任，如为教育改革营造良好的社会氛围，为其献计献策等。在教育改革中，各利益主体要防止将自己置于一种被动接受的位置，将改革视为政府强加于自己的，无论是好是坏都是自己无力改变的现实。另外，各利益主体也要防止出现"搭便车"的心理，认为总会有人会站出来说话，自己只用坐享其成就可以了。这两者心态都是一种不负责任的态度。对于教育，几乎无人能免受其影响；促进教育的发展，每一个社会成员都会直接或间接地从中受益。因此，维护教育改革的正常秩序，使之发挥最大的"革故鼎新"的功效，共同体内的每一个公民都承担着义不容辞的责任。

但是，分开分析不同主体的责任，并非是说各个主体的责任是彼此独立的，确切地说，不同主体之间的责任构成了一个责任链。在这个责任链中，没有哪个环节承担单独的责任，每个环节都是责任的一部分，而这部分的责任又不得不与这个环节对整个行为所承担的"责任"相联系。

（三）建立增强教育改革主体责任意识的制度

罗尔斯认为正义需要一些背景制度的保障，分配份额是否正义取决于背景制度。公正的制度能为教育改革带来良好的社会秩序，进而保障教育改革的顺利进行。

要增强教育改革主体的责任意识，有效地遏制各种人为性失误，依据改革的时间维度，也即改革前、改革中和改革后，一般应建立三种保障制度：一是要建立决策制衡机制，实行公众参与制度、社会公示制度、听证制度和专家咨询制度，防止决策的独断和专断，提高决策的合理性；二是建立监督机制，监督的目的主要在于监控改革的实施过程，防止改革者将改革随意化、形式化；三是建立事后责任追究制度，凡是造成重大决策失误的，追究相关责任人的行政责任、法律责任，使其对随意决策造成的严重错误付出代价。

1. 建立决策制衡机制。

前面提到，传统的决策模式是一种自上而下、强调权力精英的决策，忽视了公众在决策中所起的作用。这种权力主导的决策模式缺乏一种制衡机制，容易形成"决策垄断"。"无论哪一个层次的决策形成，尤其是重大决策的形成，都需要调查研究、对话沟通、多方位思考、多路径探求等过程中的合作"[1]。因此，为了增强决策的科学性和民主性，减少由决策失误所导致的不必要代价，应该建立相应的制度来予以保障合理的、可行的决策，主要有公众参与制度、专家咨询制度、听证制度和社会公示制度。

（1）公众参与制度。这一点在前面已有论述，在这里不再赘述。让公众参与决策的最主要的目的在于集思广益，打破权力精英的"决策垄断"，将相对集中的精英团体决策权力向民间扩散，这能增强决策的透明度，为决策的民主化奠定基础，减少决策过程中的价值冲突，从而降低或消除由于价值冲突所产生的代价。

（2）专家咨询制度。一项教育改革的决策过程往往涉及许多学科的知识，如教育学、心理学、管理学、经济学等学科。教育改革决策者需要获得相关领域的专业知识来做出决策或判断。各个领域的专家构成了专家系统（expert system）和决策支持系统（decision support system）。他们参与到决策中，以其专业知识为决策者提供政策信息、相关背景知识以及备选方案。因此，教育改革决策除了需要教育理论工作者的支持外，还需要相关学科专家提供支持。建立专家咨询制度为决策的科学性和客观性提供了保障。

（3）听证制度。在改革政策制定之后，决策者应就政策内容及制定理由举行听证会，让利益相关者表达他们对政策的意见和建议，并通过辩论，使利益相关者达成共识，以此修改、完善政策。

（4）社会公示制度。在一项改革政策出台之前和之后，都应通过媒体告知公众政策的意图，包括改革的目的、改革的内容及将制定的相关政策。通

---

[1] 叶澜：《新基础教育论——关于当代中国学校变革的探究与认识》，教育科学出版社 2006 年版，第 341 页。

过公示让公众了解改革政策,使得政策获得广泛的社会基础。对于未获得公众支持的政策,则需慎重考虑其出台,否则也只能以失败告终。2008年,德国基民盟和绿党赢得议会选举,两党共同推出基础教育体制改革方案。虽然政府认为其意愿良好,然而却受到来自汉堡公众的强烈抗议,汉堡公众自发组织了两个市民团体,其中2008年5月成立的"我们要学习"市民团体成功地征集到了184000个选民的签名,在法律程序上使全民公决成为可能,最终,该团体通过公决推翻了政府的该项教育改革方案。[①]

2. 建立民主监督机制。

"监督"是社会政治生活中频繁运用的一个概念,被看作是"一套加强有关机构行为及政策选择责任的机制"[②]。从语义上说,监督意味着检查、督促。从其作用来看,监督起着纠偏、补救的作用。在一项改革中,纠偏旨在矫正改革者的行为偏差和缺陷,使得改革得以顺利进行。补救则意味着对改革过程中出现的一些预料之外的新问题、新情况,采取及时、有效的措施进行政策调整,以尽量减少或消除改革所产生的不必要的代价。监督是有效管理的重要环节,民主的监督机制对一项改革顺利、有序地进行起着重要的作用。

前面已经说过,教育改革决策者并非全知全能的理性人,并且不同决策者之间的偏好并非一致,他们之间客观存在的利益矛盾甚至冲突都为决策的实施设置了某种程度的障碍。很多时候,我们并不缺乏好的公共政策,但是经常发现公共政策的实施总会出现或多或少难以令人满意的局面。是什么原因导致了这种局面的形成呢?在很大程度上,这是由于缺乏有效的公共政策执行监督机制。监督机制的缺乏会导致政策的反馈渠道不通畅,从而影响政策制定者对政策实施有效程度的认识。教育改革是一项事关千家万户利益的

---

① 李国强:《汉堡全民公决推翻政府的学校教育改革方案》,载《德国研究》,2010(3)。

② [美]詹姆斯·W. 费斯勒、唐纳德·F. 凯特尔著,陈振明、朱芳芳等校译:《行政过程的政治——公共行政学新论》,中国人民大学出版社2002年版,第389页。

社会公共事业，教育改革中一些看似微小的缺憾，极有可能形成"蝴蝶效应"，给社会带来巨大的影响。政府应保障教育改革利益群体享有参与教育改革的权利，允许他们对教育改革提出不同的意见，对他们指出的教育改革中出现的问题或不足应予以重视。建立教育改革的民主监督制能为教育改革提供及时的反馈与指导，使教育改革所产生的负面影响降到最低，使教育改革所产生的不可避免的代价在不同群体中的分配达到合理状态。从这一点来看，建立民主监督制能促进教育改革的合理化，提升教育改革的公正度。

监督分为内部监督和外部监督。也就是说，对教育改革享有监督权的主体不只限于上一级部门对下一级部门，还应该包括立法机构、司法机构以及与其利害相关的大众，包括普通民众以及媒体。俗话说，"当局者迷，旁观者清"，系统内部的监督有时候因为对问题的不敏感甚或故意的包庇而缺乏有效性。系统外部的利益相关者出于对个人利益的考虑，对有损自己利益的情况能做出及时的反应，这在某种程度上有利于问题的发现。此外，教育改革者也是自身行为的监督者，教育改革者所承担的道德责任需要他们提高自身的自律意识。

3. 建立事后责任追究制度。

列宁曾经说过："一般用什么来保证法律的实行呢？第一，对法律的实行加以监督。第二，对不执行法律的加以惩办。"[①] 监督是为了防范，而惩办则是为了追究责任。建立事后责任追究制度，又可称为"问责（accountability）制"。问责总是和责任联系在一起，哪里有责任哪里就有问责。原则上，责任一般能为大家所承认，即人们应该为他在特定情况下能够做的事情，也就是为行为和所接受的任务承担一种责任。现实中，难以达成共识的往往是责任的效力范围，即应该承担多大的责任。另外，人们乐意为"正面的成就"承

---

① 《列宁全集》第2卷，人民出版社1959年版，第253页。转引自安方明主编：《社会转型与教育变革——俄罗斯历次重大教育改革研究》，社会科学文献出版社2006年版，第172页。

担责任，而对那些不可预期的附带后果却试图卸责，将责任归为外界。从现实来看，教育改革尚缺乏一种"刚性"的责任追究制度。"首先，政策执行过程缺乏正常的监督；其次，政策执行的效果缺乏明确的考核；最后，政策执行考核结果缺乏必要的赏罚措施"[①]。这也是造成教育改革出现急功近利、形式化、消极执行等不负责任的现象的原因之一。

"问责"首先涉及的是对谁进行问责，也就是责任主体的界定。建立事后责任追究制度，应该分清楚是决策主体的责任还是行为主体的责任。责任主体不明，追究的最终结果可能会导致不了了之。

其次，应考虑的是"问责"什么，即问什么样的责。莫舍等人将行为人的责任划分为两种：客观责任和主观责任。[②] 客观责任与从外部强加的可能事物有关，其具体形式包括职责和应尽的义务，即由职务所带来的责任和义务，对某人负责和为某事服务；而主观责任则与那些我们自己认为应该为之负责的事物有关，例如道德责任，从个人内在良知出发，认为自己应该承担的责任。对于教育改革的决策主体和执行主体来说，他们不仅承担着客观责任，即与自己职务相对应的职务责任；还应该承担着道德责任，以一些伦理规范来约束自己的行为，主动承担责任。对在教育改革中如何追究这些主体的责任，如何使追究具有合法性和权威性，以及对执行主体形成一定的威慑力，是政府部门发起一场教育改革所应该考虑的。

明确了责任主体及问责的内容，接下来的问题是，问责的主体是谁？也就是说谁有权来对他人的行为进行"问责"。依据科根（Kogan）划分的问责模式类型，在不同的问责模式中，问责的主体是不一样的。在公共——国家控制模式中，主要是以民主方式得到法律赋权的中央和地方机构；在专业控

[①] 金太军、钱再见、张方华、李雪卿：《公共政策执行梗阻与消解》，广东人民出版社 2005 年版，第 194 页。

[②] [美] 特里·L. 库珀著，张秀琴译：《行政伦理学：实现行政责任的途径》，中国人民大学出版社 2001 年版，第 63 页。

制模式中，主要是通过专业化社会组织来进行问责；在以消费者为中心的模式中，可以采取合作的关系或是通过市场机制来运作问责机制。① 如果仅将"问责"限定在一个科层制体系中，也就是限定在上下级关系中，"问责"也就仅仅表现为上级追究下级的责任。这时问题出现了，在具有连带的责任方面，上级该如何办呢？而且从客观责任的角度出发，上级本身就对下属的行为负责。这势必会影响到问责的公正性，或者上下级之间互相"打太极"，导致问责"白条"出现。贝克在其《风险社会》中提到了一个概念，特别值得重视，即"有组织地不负责任"（organized irresponsibility）。他指出，公司、政策制定者和专家结成的联盟制造了当地社会中的危险，然后又建立一套话语来推卸责任。这样一来，它们就把自己制造的危险转化为某种"风险"。他用"有组织地不负责任"这个词来揭示"现代社会的制度为什么和如何必须承认潜在的实际灾难，但同时否认它们的存在，掩盖其产生的原因，取消补偿或控制"。② 主要表现在：难以承担起事前预防和事后解决的责任；无法确定责任主体。因此，教育改革的问责制的主体应该是多元的，既有科层体系中的，也应有来自体系之外的，例如公众、媒体等等，如此，才有望保证问责的公正性以及使问责起到应有的作用。

建立教育改革问责制，即如果教育改革者包括决策者和实施者，所发起和实施的改革对社会和人造成了一定的伤害，他们必须承担其所应承担的责任，使教育改革代价的付出者和承受者达到最大程度上的统一。建立"赏罚分明"的问责制可以增强教育改革者的责任感，防止不负责任地随意进行改革。只有这样，教育改革者才会自觉地提高自身的素质，以减少、消除教育改革的代价。

从长远来看，教育改革中的代价最终会产生一种"飞去来器效应"，即教

---

① 王淑娟：《对美国教育语境中问责涵义的考察》，载《比较教育研究》，2007（2）。
② 杨雪冬等：《风险社会与秩序重建》，社会科学文献出版社2006年版，第67页。

第三章 教育改革代价的防范与规避

育改革的不良效应会影响整个社会,从而影响社会中的每一个人。因此,教育改革没有观众,每一个人都应对教育改革贡献自己的一份力量,所有的社会行为者都应该提高责任意识,既要对自己负责,也要对他人负责。教育改革问责制的建立,能增强教育改革者以及社会公众的责任意识以及使命感,从而对教育改革本身抱有慎思的态度,尽量减少教育改革所不可避免的代价,坚决杜绝不合理代价的产生。

无论是决策前的制衡机制还是监督机制,抑或责任追究制度,都存在着一个谁来追究、谁来监督、谁来问责的问题,也即追究制度、监督机制的合法性问题,能否存在使得公众认可并自愿服从的这些制度。在一个民主社会里,谁有资格来建立这些制度呢?根据不同的国情与传统,应该说这个主体是不一样的。但不管怎样,在民主社会里,这个主体不论是政府还是某个团体,甚或某个人,都应该是公众所认可的。只有这样,这些制度才具有某种"强制性",才能具有合法的权威,从而维护教育改革的实施秩序。

此外,无论多么完备的制度终究只是起到外部规约的作用;要有效防止代价的产生,教育改革者自身所拥有的品质、所持有的价值观等都会对个人的行为造成影响。因此,除了外部制度的完善,教育改革者进行"内部审查"是非常有必要的。约翰·M. 高斯将这种"内部审查"也称作一种重要的责任,它是公务员个体意识到的对其职业负责的标准和理念。[①] 由内部审查所形成的一种责任感有时比外部的审查或制约制度具有更强的约束力,具有更强的型塑行为的能力。只有教育改革者时刻以公共利益为其改革的出发点,始终对改革中的人抱有高度的敬畏感,对改革的责任意识才能真正有所增强,才能真正有意识地去减少改革的代价。

---

① [美]特里·L. 库珀著,张秀琴译:《行政伦理学:实现行政责任的途径》,中国人民大学出版社 2001 年版,第 142 页。

第四章　教育改革代价的调控

预防代价产生的风险意识、责任意识，虽然在某种程度上能减少甚至杜绝某些代价，但是由于各种原因，还是有些代价不可避免会产生。因此，仅有正确的态度是不够的，还要对实际产生了的代价进行调控，真正解决问题，而这往往是最为重要的。

第一节　教育改革代价调控的必要性

调控的基本含义是调节、控制、管制、监管等。任何一个社会都有其固有的矛盾，都有众多利益不同的群体，为了维持社会的正常运行，促进其发展，必然要对各种矛盾进行调控，在各种利益发生冲突时进行有效的调节，将矛盾、冲突控制在社会秩序可容忍的范围之内。

教育改革代价的产生有着各种主观、客观的原因，不管出于何种原因，作为消极后果的代价必然会给社会、人民带来一定程度的损害，无论是物质层面的，还是精神层面的。对于实际产生了的代价，我们该如何做？事后的反思是必要的，但更重要的是对代价进行调控，实际的行动往往胜过空洞的言辞。对教育改革代价进行调控，不仅是维持与促进社会公正的必然要求，也是教育内在伦理的呼唤。对教育改革所产生的代价进行调控的基本目标是，实现代价在不同群体中的公正分配，使代价的付出者和承受者实现最大程度的统一。为实现这一目标，要遵循一系列的原则，如公正原则、差别原则等等。

一、维持与促进社会公正的必然要求

教育改革不可避免要产生代价，但是我们也要看到，很多代价的付出是不合理的。有些教育改革消耗了大量人力、物力资源，却并没有使得教育现状发生改善。有些改革者并没有对现实中的教育问题作出恰当的诊断，对实施改革的条件是否具备也未作深入的调查，未从历史中汲取有益的教训，按照某些并未获得合理论证的所谓的"先进理念"，即进行盲目地改革，将教育改革任意化，甚至当出现问题时，不去反省以图改进，反而将改革的代价当作改革必须付出的"学费"。这种改革态度是极不道德的，必然会损害公众的感情，积累到一定程度，会影响社会的和谐发展。对教育改革代价进行调控，是维持与促进社会公正的必然要求。

（一）"公正"[①] 与教育公正的内涵

公正作为一个基本的伦理概念，既是道德伦理的基本范畴，也是一个政治学的基本范畴，如亚里士多德将政治上的善看作公正。公正不仅用于处理日常生活中人与人之间的关系，也用来处理政治关系中的集团与集团、国家

---

① 公正和正义是两个意思非常接近的词，甚至可以互用，在英语里，二者都是"justice"。虽然有人对二者之间的关系做了考究，认为公正与正义存在一定的差别，二者是一种属种关系，而不是种属关系，也不是交叉关系。正义的内涵比公正丰富，而公正的外延比正义大，是正义的一定公正，公正的未必正义，不公正的一定不正义，不正义的未必不公正。（冯颜利：《公正与正义》，载《道德与文明》，2002（6）.）该论者的论述是有一定道理的，但在本书中，如不作特殊的说明，一般将二者在同等的意义上使用。

与国家之间的关系。但从根本上说，正如罗尔斯所言，正义是针对社会基本结构而言的，正义只能在社会生活中找到它的位置。在他看来，正义是社会制度的首要价值，犹如真理之于思想体系一样。他认为，一种理论，无论它多么精致和简洁，只要它不真实，就必须加以拒绝或修正；同样，某些法律和制度，不管它们如何有效率和有条理，只要它们不正义，就必须加以改造或废除。[①] 社会制度不仅要维护、促进社会公正，而且它本身就应该以公正为其首要的价值诉求。相对于其他的美德或善，正义具有优先性、首要性。

不可否认，社会公正是维系一个社会和谐发展的基本要素，公正的社会相对于专制的社会更深得民心。万俊人认为，功利目的（效率）与正义秩序是每一个社会在其基本价值决策中所必须参量的两个基本尺度。[②] 决策者在制定公共政策时不能仅考虑效率，也要考虑公共政策的公正性。那么，何谓公正呢？"公正"是一个具有历史性的概念，不同时代的人所持的公正观是不同的。在柏拉图看来，公正就是社会中各个等级的人各司其职，各守其序，各得其所。亚里士多德相信平等就是正义。休谟认为公共福利是正义的唯一源泉。穆勒断定正义是关于人类基本福利的一些道德规则。霍布豪斯认为正义的根本是和谐法则的普及，而和谐必须扩充到它所能扩充的所有人。[③] 罗尔斯认为正义的主题就是主要的社会体制分配基本权利与义务、确定社会合作所产生的利益的分配制度与方式。同时，即使是在同一时代，正义在不同的主义和学说那里也是不同的，如自由主义与社群主义对"权利与善何者具有优先性"的争论。显见，公正观是多元的，没有一种绝对统一的公正观，而且可以推断，人类历史上也将不可能出现一种超越于具体多样性的社会历史条

---

① [美] 约翰·罗尔斯著，何怀宏等译：《正义论》，中国社会科学出版社1988年版，第3页。

② 万俊人：《寻求普世伦理》，商务印书馆2001年版，第367页。

③ [英] 伦纳德·霍布豪斯著，孔兆政译：《社会正义要素》，吉林人民出版社2006年版，第100页。

第四章　教育改革代价的调控

件和文化的普遍的公正观。

公正观的多元性并不代表无法给出公正的定义。公正或正义的经典定义，来自古罗马法学家乌尔庇安："正义乃是使每个人获得其应得的东西的永恒不变的意志。"穆勒认为："人公认每个人得到他应得的东西为公道；也公认每个人得到他不应得的福利或遭受他不应得的祸害为不公道。"麦金太尔认为："正义是给每个人——包括给予者本人——应得的本分。"[1] 在《现代汉语词典》里，公正是指"公平正直，没有偏私"；在《辞海》里，公正是指"社会、道德范畴和道德品质之一，指从一定原则和准则出发对人们行为和作用所作的相应评价；也指一种平等的社会状况，即按同一原则和标准对待相同情况的人和事"。从公正或正义的众多界定中，我们可以发现公正的一个首要要求是给予人所应得的，由此引申出按同一标准对待同样的人或事，使之得到应得的，不得到不应得的。

近年来，由于社会民主化程度的提高以及公民主体意识的增强，教育公正越来越成为一种优先于效率的价值吁求，越来越受到教育理论界与实践界的关注。在教育改革中，教育公正日益成为一种强烈的政策导向，成为制定与评判教育政策的一个重要维度。维护与促进教育公正也正成为教育改革的首要目标。然而，正如公正观是多元的一样，人们基于自身利益的多元所理解和认可的教育公正并非完全一致，而是有差异的，甚至有时是冲突的。因此，在教育改革中，要具体分析不同群体对教育公正所持的基本看法、所持立场。由于每个人都可以根据自己的利益和价值偏好来提出自己的公正观，所以教育公正应该是一个具有相对性、境域性和具体性的概念。[2]

罗尔斯提出了正义二原则，第一条原则是平等自由原则，第二条是机会公正平等与差异原则的结合。罗尔斯认为这两条具有词典式的顺序，第一条

---

[1] 这三个概念均引自王海明：《新伦理学》，商务印书馆2001年版，第301页。
[2] 石中英：《教育公正与正义理论》，载《现代教育论丛》，2001（2）。

原则优先于第二条原则,而第二条原则中的机会公正平等原则又优先于差异原则。罗尔斯认为依照这两条原则进行设计的社会制度才称得上是公正的,这样的社会才是正义的社会。体现在教育改革中,教育公正就是首先要保证每一个人具有同等的受教育权,其次实行有差别的平等,对最少受惠者进行补偿,这样所造成的不平等同样是公正的。

虽然罗尔斯的正义论遭到了各方的挑战,例如麦金太尔、桑德尔等社群主义者认为罗尔斯过于看重个人,而忽视了个人所处的社会;同为自由主义阵营的自由至上主义者诺齐克强调个人的天赋,以及由天赋所带来的自我所有权,认为自由平等主义侵犯了这种个人权利,在本质上是错误的。但不可否认的是,罗尔斯的正义论的确给了我们很多的启发,在很多方面是值得借鉴的。本书所坚持的教育公正观主要是以罗尔斯的正义论为根基的。面对不一致的、甚至是冲突的教育公正观,人们应该彼此宽容,不能将自己所持有的"公正观"强加于他人,而是应该就同一问题达成最大共识。否则,同样一项教育改革措施,有人认为它是公正的,而有人却认为它缺乏公正性,以至于最终导致这项教育改革措施难以达成理想中的"公正性"。

(二)教育公正是基本的社会公正之一

为何一再强调教育改革的公正性呢?这是由于教育公正是基本的社会公正之一。美国公立学校之父贺拉斯·曼(H. Mann)将教育称作"社会机器的平衡轮",因为"教育自身能够改变我们所生活的社会,使它变得更平等、更和谐"。他认为"除了人类最初所具有的一切其他天赋装备以外,教育是改善人们状况的巨大的平等化机器——社会及其平衡轮……它能更好地消除穷人对富人的敌意;它能防止变穷"[①]。20世纪80年代以来,随着知识经济和知识社会时代的来临,教育对个体发展所具有的作用越来越大,受教育及其程

---

① 转引自[美] S. 鲍尔斯,H. 金蒂斯著,王佩雄等译:《美国:经济生活与教育改革》,上海教育出版社1990年版,第40页。

度对个体的影响更为重要了。因此,教育的公正性已越来越受人们的关注,教育的不公正直接影响到个体的未来发展,无论是从个体将来所从事的职业,还是政治参与,还是社会的流动等方面来看都是如此。

1. 受教育程度与职业收入的相关性分析。

自20世纪60年代起,舒尔茨发表了一系列教育经济学方面的著述,如《由教育引起的资本形成》、《教育和经济增长》、《教育的经济价值》等,奠定了当代西方人力资本理论。人力资本理论认为,"教育(特别是学校教育)的生产价值,在于它是未来进行生产、获取收入能力上的一种直接投资"[①]。舒尔茨甚至计算出:教育投资的收益在劳动收入增长中的比重是70%,在国民收入增长中所起的作用是30%左右。这样,教育不再仅仅被看作一项纯消费品,而越来越被当作一项投资,人们根据教育的市场回报来决定自己将要接受的教育水平和类型。舒尔茨之后的大批学者通过大量的实证研究结果证实:①教育不仅对经济增长有直接贡献,而且有间接贡献。如萨卡罗普洛斯断言,这两者间是"鸡与蛋"的因果关系;②教育既可能通过认知水平的提高,也可能通过非认知效果如态度、动机和价值观等因素来提高个人的生产率;③教育是决定个人收入的最重要因素,它不仅是一项对社会有益的投资,也是对个人的有形收入和无形收入(如生活质量)有较高回报的投资。[②]虽然,人力资本理论遭到了传统的结构功能主义的排斥,也无法为非主流的新马克思主义、批判理论以及存在主义等容纳,他们认为它忽视了教育对个体的社会化功能,忽视了教育的公共性。但是,我们无法否认人力资本理论提出的教育的经济功用价值的合理性及其影响力,"在国家的教育政策层面,它甚至成为20世纪70年代以后世界各国教育制度变革的基本理论资源,在整个世界范围内,20世纪70年代高等教育的大扩展趋势、20世纪80年代以后部分国

---

① 张人杰:《国外教育社会学基本文选》,华东师范大学出版社1991年版,第314页。

② 同上,第364~386页。

家教育福利性政策的变更和收费、贷款制度的确立，都与之不无关联"[①]。

今天，高校大规模扩招在某种程度上导致了大学生就业难，这对人们的教育投资理念产生了一些冲击，但人们一般还是会认可受教育程度越高所从事的职业会越体面、轻松，即高学历往往成为了高收入职业的"敲门砖"。事实上也是如此，接受过高等教育的人的就业率明显要高于未接受高等教育者。有研究表明，到 2004 年为止，教育程度越高，教育收益就越大，且教育投资风险也越小。[②] 正如筛选理论所认为的，在劳动力就业市场，雇主倾向于雇佣那些接受过较高程度教育的人，将他们受教育程度的高低看作反映个人能力大小的有效信号，并以文凭作为定薪的依据和标准。布劳格（M. Blaug）说过，"教育与收入之间正相关的普遍性是现代社会科学最显著的发现之一，也是少数几条适合于分析所有国家——无论是资本主义国家还是社会主义国家——劳动力市场的准则之一。"[③] 当然，我们也无法否认除了受教育的程度外，影响个体职业收入的因素还有家庭、种族、性别、个人努力程度，甚至机遇等等，从大的方面来说，还有一个国家的经济发展速度、水平及经济体制等。但是，随着社会的发展，特别是知识经济时代，对个体而言，受教育的程度、所学专业、毕业学校等教育类因素在其入职、就业过程中的重要性是越来越明显了。

在经济学里，经济学家通常采用"年龄——收入曲线"（age-earnings profiles）的方法来描绘人们所接受的教育程度与他们的职业收入之间的相关

[①] 阎光才：《教育的功能、功用到功效——20 世纪西方公共教育政策价值取向的演进逻辑》，载《比较教育研究》，2002（3）。

[②] 王明进、岳昌君：《个人教育投资风险的计量分析》，载《北京大学教育评论》，2007（2）。

[③] Blaug，M. 1972. "The Correlation Between Education and Earnings：What Does it Signify?" 转引自赖德胜著：《教育与收入分配》，北京师范大学出版社 2001 年版，第 95 页。

性。如下图①：

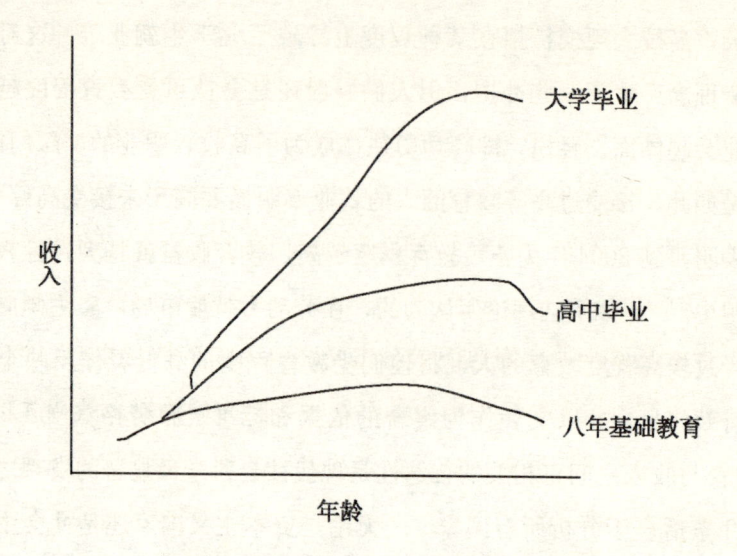

典型的不同受教育水平者年龄—收入曲线

从图中可以看出，在任何年龄段，受教育程度比较高的人的收入，都比受教育程度低的人高，而且随着受教育程度的上升，收入之间的差异也会扩大。

由于受教育程度与个体的职业收入之间存在着较高的相关性，教育对个体收入的贡献率是非常高的，那么教育不公正所导致的受教育机会不均等、地区教育发展不平衡、学校发展不平衡等，无疑会在某种程度上最终造成人们在经济上的不平等，以致形成一种恶性循环。而当这个问题扩散、积聚到一定程度时，它又必然成为一个社会问题、政治问题，影响一个社会的公正，给社会的和谐发展蒙上阴影。

2. 教育与公众的政治参与。

在一个民主社会，成年公民往往享有选举权和被选举权，但这并不意味

---

① 马凤岐：《教育政治学》，人民教育出版社 2003 年版，第 200 页。

着每个公民对国家的政治活动（包括领导人的选举、政策的制定等）具有同等的影响力。这些基本的权利只不过为公民参与政治提供了可能，真正能对国家政治活动产生较大影响的往往是那些受过较高水平教育的"权力精英"。在现实中，只会"按手印"，而对政策一无所知的"良民"并不少见，民主参政对他们而言只具有一种象征意义。为何如此？这是由于公众所占有的资源、所接受的教育水平不同，也即布迪厄所说的，每个人所占有的社会资本和文化资本是不同的。正是缘于这些不同，每个人参与政治协商、影响决策的程度实质上也就会不同，他们的需要和主张在决策中的体现程度也会不一样。所以，公众要获得与少数权力精英具有同等影响力的可能，最基本的条件是要具有某些能力，以此避免被排除在公共生活之外，或利益遭到忽视。博曼（James Bohman）将存在于大多数公共领域的公共能力和技能的不对称叫做"协商不平等"。他将与团体相关的不对称分为机会不平等、资源不平等和能力不平等。[①] 由于现实中存在的种种不平等，公众参与政治、影响政治存在程度上的差异，博曼将此看作政治意义上的贫穷或富有，将那些在公共协商中缺乏影响力的人称为"政治贫困"的人，他们在"有政治纳入而无有效参与或发言的情况下"，"常常别无选择，不得不服从政治决定"[②]；在公共协商中，他们往往易受伤害，声音容易被淹没，利益容易遭到忽视；他们享受不到阿玛蒂亚·森所说的"有效自由"（effective freedom），合作安排只会促进条件好的那部分人的目标和计划的实现，因为他们有能力将其机会和信息转化为有效的行动。达尔（R. Dahl）也曾表达了同样的观点，他为民主制度设置了五项标准：①有效的参与；②投票的平等；③充分的知情；④对议程的最终

---

① ［美］詹姆斯·博曼著，黄相怀译：《公共协商：多元主义、复杂性和民主》，中央编译出版社 2006 年版，第 94 页。

② 同上，第 96 页。

控制；⑤成年人的公民资格。① 其中第一、三项标准与受教育程度是直接相关的。如第一条标准，"有效的参与"，何谓有效的参与？如何才能有效参与呢？拿政策制定来说，政策的制定需要一定的专业知识，参与政策的制定必然需要掌握一定的专业知识，才具有了有效参与的可能。但所需专业知识的获取，如果没有接受一定程度的教育如何能保证呢？某些人缺乏一定知识、经验，由此导致的无知，使他们无法分清是非，只能任人摆布，说得刻薄点，这些人对于社会无异于"白痴"，米尔斯说："社会中的许多公民确实是白痴。"② 一些政治家可能会说我们给了你们民主的权利，是你们不会利用，这怨不得我们。这种所谓的民主已经是"名存实亡"了。

除了受教育程度外，影响公民参与政治并对决策产生影响的因素还有受教育的类型。例如曾经在欧洲盛行的"双轨制"，一轨是通向职业教育或培养一线工人，一轨是强调学术性，强调受教育者的全面发展，特别注意培养学生独立研究问题、解决问题的能力，创造能力以及管理能力等，政治家多是出自这一轨教育。毫无疑问，这两轨的目的是非常明确的，接受不同教育的人的就业取向、职业抱负也是完全相反的。

如此看来，公民受教育的程度以及受教育的类型都会影响到公民的政治参与。要提高政治的民主度，无疑应该提高所有公民的知识素养与能力。虽然教育并非公民素养和能力提高的唯一途径，但却是最重要、最直接的途径。学校教育的作用就在于为公民积极参与社会事务作准备。通过接受教育，公民各方面能力会有所提高，从而能够增进其参与政治的能力，提高他们政治参与的有效性。因而保证教育的公正性、让每个公民都能接受一定程度的教育也就尤显重要了。

---

① [美]达尔：《论民主》，转引自马凤岐：《教育政治学》，人民教育出版社2003年版，第204页。

② [美] C. 赖特·米尔斯著，陈强、张永强译：《社会学的想象力》，生活·读书·新知三联书店2005年版，第43页。

3. 教育与社会分层。

社会分层（social stratification）是一种社会现象，也是一种社会过程，是依据一定的标准把人们划分为各种不同的社会集团或阶层化。社会分层的根源在于社会不平等——稀缺的普遍存在使人们对社会性资源的占有不可能是均等的，因而人们的社会地位总是存在不同的高低层次。韦伯提出了划分社会层次结构的三重标准，即财富、声望和权力。基于社会成就与教育的关联性，之后大量的研究都将教育作为社会分层的一个重要指标。英国学者霍珀、特纳等就认为教育系统一方面在维护社会核心价值、保持社会稳定的同时，另一方面它还具有筛选功能，通过依据教育途径和教育程度上的差异而建立起来的社会筛选机制，来促成社会流动，流动促成了分化和分工，它将不同的人们分配在分工不同、等级分布的社会结构之中，同时，流动也引起社会结构的变化，促成系统的进化。[1] 促进社会流动、社会分层是教育的重要功能之一，教育已成为考察人们社会地位或社会阶层状态的一个维度。

社会分层与身份的分配是紧密联系在一起的。莱纳兹认为，决定身份分配的标准主要有两类，一是归属（ascriptive）标准，是指诸如性别、阶级出身、种族或民族背景等这样一些不由我们控制的属性，以及生来就有的特点。在传统的自然经济社会里，社会分层和身份分配主要依据的是归属标准。二是成就（achievement）标准，原则上是指通过个人的努力而能够获得的属性，诸如婚嫁、中学毕业等。[2] 在大工业生产和科技发展迅猛的市场经济社会中，社会分层和身份分配主要依据的是成就标准。以这两种标准来对人们的地位进行分配，会形成两种不同的竞争体系。归属标准形成的是一个封闭的竞争体系，在这个体系里，个人最初的地位与最终的地位是一致的；成就标准形

---

[1] 张人杰：《国外教育社会学基本文选》，华东师范大学出版社1991年版，第364~386页。

[2] ［加］莱纳兹：《教育的各种职能》，载瞿葆奎主编、陈桂生等选编《教育学文集·教育与社会发展》，人民教育出版社1989年版，第91页。

成的是一个开放的竞争体系,在这个体系里,个人最初的地位只是暂时的,最终的地位可以根据后天的努力来改变。当然,完全封闭和完全开放的体系是两个极端,一般的社会分层和身份分配很少以单一的标准进行。在两个体系中教育所发挥的作用是不同的。在封闭体系中,教育的职能不在于改变学生的阶级地位,而在于通过教给学生适合于他们阶级出身的技能和价值观之后去巩固他们的阶级地位。在开放体系中,教育发挥着积极的作用,可以看作是独立的"社会机会的分配部门"。学校作为社会测验机构而发挥其筛选职能,然后根据学生的学业成绩将学生引向适宜的方向,从而完成其社会分层的作用。

在民主化程度越来越高的今天,教育越来越成为促进个体在不同的社会阶层之间流动的主要渠道,对社会下层子女而言几乎成为唯一的渠道。特别是由于我国严格的户籍制度所造成的城乡二元结构的现实,教育更是成为农村儿童进入城市或上层社会的唯一渠道。再生产理论认为,学校教育远非一个价值中立的场所,它通过传递社会主流价值而维持当政者的地位。学校教育再生产着社会的结构,不平等的学校教育能再现社会分工。因而,保证所有人的受教育机会均等,特别是弱势群体接受公平的教育能够促进合理的社会流动,能够在最大程度上促进社会的发展。

二、教育与生命内在联系的必然要求

教育是什么?教育为了什么,即教育的终极目的是什么?这是无数哲人探讨过的问题。客观地说,不存在普适性的教育目的,教育目的在不同的时代、不同的民族那里是不同的。亚里士多德将目的分为内在目的和外在目的,内在目的指活动本身所具有的价值,实现活动本身即实现了其价值;外在目的要求将活动当作手段,去实现更有价值的目的。如果说教育能够提高个体的收入,提高他们参与政治的可能与机会以及促进个体的社会流动,这还只是考察了教育的外在目的,也可以说是教育的工具价值。那么,教育的内在目的同样需要考察,教育除了具有外在的工具价值外,还具有自身的目的,即追求教育过程之中人的生命的发展,给人以智慧的启蒙,实现其生命自觉,使之获得追求幸福的能力。幸福是生活的最好状态,而教育正是要引导人并使人有能力去过一种幸福的生活,这是教育的一种终极目的。

教育是人的教育,教育为人而存在;而无教育,人也无法真正成为人,诚如夸美纽斯所言:"实际上,只有受过恰当教育之后,人才能成为一个人。"[①] 康德也说过:"人是唯一必须受教育的被造物。"正是因为有了教育,人类社会才逐渐走向文明,个体才能不断实现"自我"超越。卢梭深悉教育与生命之间的关系,他认为教育与生命同步开始,"强调被教育者是一个有着各种需要和正在不断生长发展起来的生命体。教育的基本目的就是要顺应人的本性及其自然发展的需要。"[②] 因此,卢梭笔下的爱弥尔是在自然环境中接受教育和成长的,卢梭让爱弥尔仅仅成为一个"人"而受教育,而不是为了种种其他外在的目的,在他看来,人之为人才是最重要的,"不管我的学生将来想要在军队或教堂或法庭里供职,这对我无多大关系。……当他离开我时,我可向你保证,他不将是一个官吏、一个军人,或者一个牧师;他将是一个人。凡一切适宜于人的,他会敏捷地学了起来,而且不比别人差。"[③] 我们的教育不是要学生将来成为什么家,首先目的是要使之作为一个现在的人生存着、生长着,享有作为人的尊严,学会做人。叶澜教授也说过:"教育是直面人的生命,通过人的生命,为了人的生命质量的提高而进行的社会活动,是

---

① [捷] 夸美纽斯著,傅任敢译:《大教学论》,教育科学出版社 1999 年版,第 24 页。

② 转引自阎光才:《教育是生命意识——由荒野文化与园艺文化的悖论谈起》,载《清华大学教育研究》,2002 (12)。

③ 卢梭:《爱弥尔》,载张焕庭:《西方资产阶级教育论著选》,人民教育出版社 1993 年版,第 98、96 页。

第四章 教育改革代价的调控 **159**

以人为本的社会中最体现生命关怀的一种事业。"① 尊重生命、关注个人的生命需要、激发人的旺盛的生命活力的确是教育的终极目的,因为只有源自个体生命本能的需要和欲望,才是个人实现其创造潜能的源泉,而且也是由无数个个体共同建构起来的人类社会发展的动力源泉。

教育于生命的重要性已经无需多言了。教育为个体提供了开启幸福之门的钥匙,让人的心智从蒙昧转为清明,剥夺了这把钥匙,无异于剥夺了个体进入幸福之门的可能、使人获得启蒙的可能。教育改革必然要促进每一位社会成员去获得这把钥匙,为获取这把钥匙提供条件,改善教育的现状。教育改革所产生的代价终归是由人来承受的,对于教育改革的代价进行调控就是要尽可能地保护每一个人的生命,让他们遭受尽可能小的损害。佩西·能说:"我们必须坚持,一种教育计划最终必须从它根据受教育者的可能培养他们最高度的个人才智的成绩来评价。……将它作为一个稳定的教育政策的基础。"②

第二节 教育改革代价调控的实质

对于教育改革中已产生的代价该如何处理?究其实质,对教育改革代价所进行的调控就在于使代价在不同的群体中公正地分配,从代价的承受者的角度来说,即在于合理地分担教育改革所产生的代价。

在现实中,人们关注的往往是利益、资源等好的东西如何分配,而对坏的东西(如代价)如何分配却关注得不够。英国学者戴维·米勒说:"当我们谈论和争论社会正义时,我们究竟在谈论和争论什么?我认为,非常粗略地

---

① 转引自李家成:《追求真实的生命成长——对"新基础教育"的价值取向的体悟》,载《教育发展研究》,2003(3)。

② [英]沛西·能著,王承绪、赵端瑛译:《教育原理》,人民教育出版社1992年版,第7页。

说,我们所讨论的是生活中好的东西和坏的东西应当如何在人类社会的成员之间进行分配。"① 合理、公正地分配教育改革所要付出的代价关系到社会公正问题,如前所述,教育公正是基本的社会公正之一,实现教育领域的公正无疑可以促进社会公正。

一、一个前提性问题:教育改革中可以分配的代价

如果说一切教育改革所产生的代价都是可以分配的,那么其前提假设是所有的代价如同可见的物质财富,就存在人们的面前,其总量是可度量的,能够设想将其均等地分成若干份分给不同的人;另外,代价又是可以事先预知的,在代价产生前就能将其在不同的人群中进行预分配。但事实并非如此。代价的分配不同于有形的物质财富的分配,这是因为代价不同于物质财富。首先,从二者的定义来看,它们之间存在一定的差别。"代价",《现代大词典》解释为:"达到某种目的所消耗的物质、精力或所作出的牺牲。"在经济领域中,它相当于成本,主要指购物的钱款,如金钱或有形的物质。而代价的涵义在社会领域要比在经济领域宽泛得多、复杂得多,既指有形的损害,如物质财富的不正当减少,又指无形的损害,如人文精神的缺失、道德的堕落等,而这些是难以用金钱等外在物来度量的。因而其分配也就无法精确度量。其次,代价具有不可预测性。代价与风险联系紧密。风险如果防范不当,就有可能给人类带来后果,实际产生了的后果就是代价。风险具有潜在性和不确定性,有些风险能够通过概率计算而预测,而有些风险是人们凭现有的认识在现阶段无法预知的,风险的不确定性决定了代价也具有不确定性。教育改革是一种探索式的改革,也是一项具有风险的活动,从这一点来看,教育改革所要付出的代价也不可能被人们完全预知。最后,从人类趋利避害的

---

① [英]戴维·米勒著,应奇译:《社会正义原则》,江苏人民出版社 2001 年版,第 1 页。

天性来看，物质财富是人们所欲的，而代价则是人们所要消除的、减少的。因此，不能用物质财富分配的逻辑来替换代价分配的逻辑。物质财富分配的逻辑是获得的主动逻辑，而代价的分配则是"转嫁、规避、否认和再诠释的否定逻辑"[①]。也就是说，物质财富是人们所欲的，对于财富，人们都喜欢占有较大份额而不喜欢较小份额，而对于代价的态度正好相反。

从教育学的立场来看，教育改革代价更具有其特殊性，其特殊性主要是由教育改革的对象决定的。教育改革的目的旨在"革旧鼎新"，改革现实中不合乎社会发展和人的发展的种种教育现象。无论是宏观层面的变革，例如制度，还是微观层面的变革，例如课堂教学，其效果最终都要在教育改革的对象（主要是学生）身上体现。人的发展是一个渐变的过程，从而教育改革对人的影响也是一个长期的过程，因此，代价的重要特征——滞后性，在教育改革中体现得尤为明显。教育改革对人所造成的负面影响有些是即刻显现的，有些却具有较长的"潜伏期"，会在人的发展过程中逐渐凸显。教育改革代价的滞后性也决定了教育改革代价分配的复杂性。

教育改革所付出的代价，有合理的一面，其合理性表现在它是教育改革过程中必然要付出的，其存在具有客观必然性，是不可避免的；其又有不合理的一面，表现在它是教育改革过程中，由于人们的主观错误或实际操作失误所造成的与预期目标相背的消极后果，是可以消除的。这些都决定了教育改革代价分配的复杂性。

综上所述，教育改革中可以分配的代价应该是那些通过决策以及历史的经验教训可以预期的，但又是不可避免要付出的合理代价。教育改革中不合理的代价是我们力图要消除的，不存在分配的问题。

---

① ［德］乌尔里希·贝克著，何博闻译：《风险社会》，译林出版社 2004 年版，第 25 页。

二、教育改革代价分配不公的现状举隅

如同财富的分配存在不公正的现象一样,教育改革代价在现实中的分配也存在不公正的现象。主要表现在以下两点。

(一)代价付出者与代价承受者之间存在"错位"现象

教育改革代价的付出者和承受者往往是不一致的,他们处在"同一道篱笆墙的两边",这一点不同于社会代价。社会代价是指"人们在价值实现和价值创造的过程中,基于自身社会选择基础之上,为追求一定的价值目标而损害或牺牲的一些价值和由此造成的与社会的价值取向相悖的消极后果"[1]。可以看出,社会代价的产生是基于作为主体的个人的选择而造成的,代价的产生与承受的主体是统一的。教育改革由具有选择能力的成人发起、实施,而代价的最大承受者往往不是他们,却是不具选择能力的学生。在教育改革中,种种改革措施的效果总是会体现在学生身上。对于教育改革,学生"人轻言微",处于改革中的被动应对地位,被当作教育改革的"实验品",是他们成为了教育改革代价的无辜承担者。而教育改革代价的付出者却很少承担代价,或实际承担的代价与其应该承受的代价不符。

(二)代价承受者之间存在地域与程度上的差别

代价的承受者之间存在地域的差别,如城乡之间、区域之间、不同地区的城市与城市之间、农村与农村之间存在着差别。而且由于各种原因,如国家战略发展的倾向不同或各地经济、文化和教育本身存在的差距而导致的自身抵抗风险的能力存在差异。代价的承受者对代价的承受程度也会因地域的差异而存在差异,一些群体承受着比另外一些群体大得多的代价。例如,以国外某些教育理念来指导本国的教育改革,有些地区由于经济较发达,其教育理念也比较先进,而且已经具备良好的教育改革基础,因而能很快适应新

---

[1] 李钢:《社会转型代价论》,山西教育出版社 1999 年版,第 57 页。

的教育理念。而对有些贫困地区来说,基本的教学条件都难以保证,学生辍学率高,新的教育理念可能会被看作"昂贵的装饰品",是不切实际的"额外消费品"。相对来说,经济条件较好的地区对这些新理念的适应能力要强于贫困地区。如果不顾地区差异、毫无差别地推进这种理念指导下的教育改革,势必会拉大地区之间本已存在的差异,可能会导致贫困地区基础教育的破坏,而经济较好地区的教育即使会遭受到一定程度的损害,其程度也往往会轻于贫困地区。

此外,教育改革代价的承受者之间还存在性别的差异,这主要体现在经济落后地区。受经济条件的限制以及"男尊女卑"传统观念的影响,在某些经济落后的地区,如我国西北地区,有限的教育资源用到了男童教育上,相对于男童,女童辍学率、失学率是比较高的。在这种情况下,女童付出的代价是相当大的。

教育改革的利益群体是多方面、多层次的,不公正的教育改革代价的分配不仅会影响到相关群体的利益,如政府、家庭、学生等各方的利益,也会伤害人们对教育的情感,破坏教育在公众心目中的形象,从而阻碍教育的正常发展。

第三节 教育改革代价调控的手段

调控手段是为了达成调控目的所采取的具体方法。调控手段一般较多地运用于经济领域,主要限于政府行为,如宏观调控。调控手段具体而言有很多种,例如经济手段、法律手段、行政手段、市场手段、信息手段以及文化手段等。教育是一项公益性事业,对教育改革代价的调控手段必然不同于经济领域所采用的调控手段。从现实来看,调控教育改革代价的主体主要是政府,而政府主要采取文化手段、制度(或法律)手段来调控教育改革的代价。

一、文化手段

文化是一个社会中的人们所共享的一些风俗、信仰、价值及全部创造的总和。调控教育改革代价的文化手段主要是指政府通过社会舆论、信仰、信念、习俗、道德等文化因素来调控教育改革代价。文化手段相对于法律、行政命令来说，是一种软性调控手段，主要是通过影响人们的价值观、世界观等来使得人们从内心来认同法律等强制性手段。

前面说过，教育改革代价的分配不同于一般具体物的分配，那么教育改革代价公正分配过程是一个什么样的过程呢？教育改革代价分配应遵循"转嫁、规避、否认和再诠释的否定逻辑"，在现实中如何遵循这种逻辑呢？

从风险的角度来说，治理风险所要达到的秩序目标可以具体化为三个：选择风险、分担风险以及规避和减少风险。对调控教育改革的代价来说也是如此。选择代价，如果所要达到的目标无法兼得，则取其损害程度小的代价；分担代价，对那些经过预期后无法避免的代价，应在不同的人群中进行合理的分配，不能只是考虑"锦上添花"，更要考虑"雪中送炭"；规避与减少代价，也是调控代价的题中之意。对代价进行调控也是为了避免代价引发恶性循环，致使更大代价的产生。在这三个具体目标中，分担代价应该说最为关键。因为有些风险是客观存在的，有些风险是无法规避的，这导致了某些代价的不可避免性。代价是一种坏的东西，出于趋利避害的本能，人们对代价持有抵制的态度。对于一个人人都不愿主动去接受的东西，如何来进行分配？就一个社会来说，不同的文化传统和社会结构会导致对代价的分担方式的不同。集体主义的文化强调个人要服从组织的需要来承担风险，而个人主义的文化侧重于个人对自己的行为负责。社会阶层多元而均衡的社会可能比单一而不平衡的社会更强调代价的共担。本书将教育改革限定为自上而下的政府行为，又因为每一个人都是社会享有同等权利的一份子，这样的一个分配过程就不应是依据行政命令来强制公众接受的过程，而是一个通过社会成员所共享的一些习俗、道德等进行沟通、协商，从而让他们自愿承担的过程。因此，文化手段是一种非强制性的调控手段。

哈贝马斯建构了一种商谈伦理模式，这种模式强调参与伦理商谈的各方能够建立起一种"交互主体性"，他们通过伦理商谈实践展开充分的对话，最终达成理想的公共理性。教育改革代价的分配同样可以借鉴这种模式，在利益群体之间达成理想的分配模式。通过与公众的沟通、协商，并说服各方，来获取各方的谅解，只有这样才能最大程度地促使各方心甘情愿地承担改革所必须付出的代价。沟通、协商能够培养人们妥协和节制个人需要的意愿，形成一种集体责任感。

二、制度手段

不可否认的是，教育改革代价的产生的确有许多人为的因素，例如改革者认为教育改革总是要"交学费"的这样不负责任的态度。仅仅依靠文化手段的沟通、协商并不能完全体现教育改革代价的公正分配，还需要对教育改革中代价分配不公正的现象进行调控。这时候就需要依赖制度手段。

"制度"是指具有普遍意义的、比较稳定的、有一定强制性的和正式的社会规范体系。[①] 建立相应的教育改革制度是希望通过制度对教育改革者起到一定的规约作用。在调控教育改革代价时，政府（在我国主要是指教育部）通过制定与教育改革相关的制度与政策来对教育改革代价的主体进行责任追究，并依其责任做出某些惩罚，以此来使得付出代价者承担相应的代价，使得做出牺牲者获得相应的补偿，从而使得教育改革代价付出者与教育改革代价承受者之间的代价与收益达到最大程度上的统一。

另外，通过建立相应的教育改革制度，如弱势扶持制度，教育资源适度

---

① 郑杭生：《中国特色社会学理论的探索》，中国人民大学出版社 2005 年版，第 65 页。

地向不发达地区倾斜，从而可以在不同地区进行合理的代价分配，减少"强者越强、弱者越弱"的不公平现象。

第四节　教育改革代价调控的基本原则

对教育改革代价进行调控，可以起到维护和促进社会公正的作用，从而促进社会的和谐发展。那么，对教育改革代价进行调控时，应该遵循哪些原则才能将代价所造成的影响、所产生的危害减少到最低呢？主要有以下几条原则。

一、公正原则

亚里士多德说，在各种德性中，人们认为公正是最重要的。公正是维护社会秩序的首要保障。因此，公正原则是调控教育改革代价所应遵循的首要原则。罗尔斯认为，正义原则所处理的是人们在分享社会合作所带来的利益时所产生的冲突，它们适用于若干个人或若干团体之间的关系。确立公正原则的根本原因在于各种利益冲突的客观存在，而公正原则的基本目标则在于保证使社会每一个成员的基本权利得到充分实现，使社会资源得到公平分配。鉴于公正观的多元，公正原则的制定也并非易事。罗尔斯关于恒久多元论的假定，认为正义原则必须要为那些对善（the good）持有根本不同的定义的人们所接受。[①] 其基本的意思是，当你是某个原则的最大受害者时，你还是会同意这个原则，那么说你在任何其他情况下也会赞成它的假设便是合情合理的了，这样我们可以说这个原则是公正的了。

---

① ［美］伊安·夏皮罗著，姚建华、宋国友译：《政治的道德基础》，上海三联书店2006年版，第146页。

社会公正的根本问题是社会对每个人权利与义务的分配。只有权利而无义务，或只有义务而无权利都是不公正的，权利和义务是对等的。因此，教育改革代价分配的公正原则就在于，在分配代价时，应使那些享受较大改革收益的人承担与其收益对等的代价。相对应的，违反公正原则的是让那些最少受惠者承担大部分的代价，虽然事后也许会有补偿，但并不能改变这一事实不公正的性质，补偿只不过是矫正的正义。

分配教育改革代价的方式是多样化的、具体相对的和多层次的。但一个首要的要求是，"它必须适合特定的社会基本结构和条件，尤其是特定社会的政治经济制度、文明水平、历史与文化传统所提供的可能性限度，采取多种具体的多层次性的分配方式，包括社会主导型的分配方式和辅助性的方式，力求尽可能的正义分配"[1]。也就是说，不能脱离一定的历史背景来空谈代价的公正分配，只能在一定的历史境域中来看某种分配方式是否符合顺应了当时的潮流。

二、差别原则

在罗尔斯的正义论中，差别原则是一条核心原则。如果说公正原则强调的是一般性，差别原则体现的则是特殊性，强调这种特殊性同样体现的是公正。这是因为不同的人、群体在不同的方面（如能力、经验、知识等）是存在客观差别的，这是任何人在任何时候都必须承认的。同时，我们也要承认，差别并不意味着好坏高低贵贱，而是世界多样性的一种表现。基于这样一种差异的事实，如果强求一切权利完全平等，看似公允，实则是不公正的，当然这也是不可能的。"谈及如此极端的形式，平等论似乎毫无可取之处，因为它根本不考虑人与人之间在某些方面确有不同，而正是这些区别使他们各自

---

[1] 万俊人：《寻求普世伦理》，商务印书馆2001年版，第406页。

所应得的也有所不同，这个信念是大多数人普遍相信的"[1]。

那么，如何对待人们之间的差别呢？亚里士多德制定了一条很好的公式，即：平等地对待平等者，不平等地对待不平等者。拉伊科等人将前者看作是水平的（horizontal）公正，即传统意义上的平等（equity），将后者看作是垂直的（vertical）公正。[2] 对待人们之间的差别应该遵循差别原则，有差别地对待原本就存在差别的人们。为了事实上的平等，必须打破形式上的平等，实行有差别的平等，也即对不同的个体使用不同的尺度。差别原则也可以看作是一种"按比例的平等"原则。亚里士多德最早揭示了这一原则，他认为平等有两种：数目上的平等与以价值或才德而定的平等。数目上的平等是指数量上或大小方面与人相同或相等；依据价值或才德的平等则指在比例上的平等。此后，有不少学者进一步探讨了这一问题。萨托利将众多的社会公正原则分为两类：一是完全平等（对所有的人一视同仁），即让所有的人都有相同的份额（权利或义务）；二是比例平等（对同样的人一视同仁），即相同的人份额相同，因而不同的人份额不同。同时还有四个副则：（1）成比例的平等，即按现存不平等的程度一成不变地分配份额；（2）对可以接受的差别，给予不平等的份额；（3）按照每个人的功绩（品德或能力）分配份额；（4）按照每个人的需要（基本的或其他的）分配份额。霍布豪斯认为比例平等是"从人们的差别出发，把平等作为一种调节，即以个人在某方面之差别为依据而给予相应的差别待遇。这种平等，便不是绝对数量的平等，而是比例平等"[3]。完全平等原则和比例平等原则适用的对象是不一样的。完全平等是基本权利（又称为"人类权利"、"人权"、"自然权利"）的分配原则，所有人都是平等的；而比例平等则适用于非基本权利（人生存与发展的较高权利）的

---

[1] 转引自王海明：《新伦理学》，商务印书馆 2001 年版，第 341 页。

[2] Taher A. Razik, Austin D. Swanson. 2001. *Foundamental Concepts of Educational Leadership*. Prentice-Hall, Inc. Upper Saddle River, New Jersey 07458. 418.

[3] 转引自王海明：《新伦理学》，商务印书馆 2001 年版，第 339~340 页。

分配。因而,差别原则本质上是一条不平等的而又公正的分配原则,它允许在操作最小受惠人或处于劣势的人群的利益时,可以是不平等的。

虽然差别原则是罗尔斯在讨论收入和财富的分配时经常谈到的,但这一原则在教育改革代价的分配中同样适用。在罗尔斯看来,不同的人因为事实上存在的差别,需要给予差别对待。的确,人与人之间在先天的遗传素质和后天所占有的文化资本、社会资本等方面必然存在程度不一的差距,企求平等地对待所有人是不可能的,事实上也违背了平等的原则。那种认为同等对待就是公平对待的假说应该得到重新审视。现在所要做的是如何弥补这种差距,使这些差距尽可能地缩小。"期望达到一种事实上的平等,而这种平等实际上需要以一种不平等为前提,即对先天不利者和有利者使用并非同等的而是不同等的尺度,也就是说,为了事实上的平等,形式的平等要被打破,因为对事实上不同等的个人使用同等的尺度必然造成差距"①。按照差别原则,教育资源的分配应该适当向处于不利地位的地区或群体倾斜;教育改革代价的分配则相反,处于不利地位的地区或群体应承担较少的份额,而那些处于优势地位的地区或群体则承担较多的份额。因此,要实现教育的真正公正,教育改革政策的制定恰恰应以处于不利地位的学生的利益为基点,将实际不平等的差别限制在普遍可以容忍和接受的范围内,只有这样才能从根本上解决教育不均衡发展的现状。

三、应得原则

人类天生具有一种"趋利避害"的本能,也由于此,对于利益的分配、人们应得的利益,研究者谈论得相对较多,但是对于诸如代价之类的坏的东西,则谈论得较少。因此,在保守主义看来,罗尔斯的正义观虽然相对于功

---

① [美]约翰·罗尔斯著,何怀宏、何包钢、廖申白译:《正义论》,中国社会科学出版社1988年版,第25页。

利主义正义观具有较大的进步,但也并非完美无缺,难免存在一些"漏洞"。如约翰·凯克斯认为罗尔斯正义观存在一些"触目惊心"的缺陷:其理论只涉及了利益的分配,而不存在任何关于伤害的分配,没有认真考虑矫正和评判方面的正义。其中存在的是大量关于利益的分配如何使生活更加良善的内容,但对如何避免邪恶却不置一词。他认为"一种正义的理论无法忽视人们的应得,它必须具体说明在什么条件下遭受伤害是正当的。它必须处理如何避免邪恶的问题,必须给出对矫正的和评判的方面的正义的一种叙述,而不仅仅是对部分的分配方面的正义的论述。"① 的确如此,仅仅关注利益如何分配是不够的,对于诸如代价之类的坏的东西同样应该依据一定的原则进行分配。

应得是指根据某人所做出的贡献获得相应的报酬或者因其过失承担相应的责罚。应得原则在调控教育改革代价时具有重要的作用,体现出一种社会的公正性。应得原则同样是公正原则的一个下属原则,给人应得的而不给人不应得的,这体现出了一种公正。一种多元主义观点也认为,"应得是与正义有关的。在确定正义的要求时,我们应当把人们的不同应得考虑进去。"② 霍布豪斯甚至认为,应得应该视为正义的核心。在一个正义的社会里,每一个人都应得到他或她所应得的。的确,对于教育改革中所产生的代价,何人应该承担?不同群体或个体之间承担代价的大小如何区分?这都关涉应得的问题。

不容忽视的是,如前所述,在教育改革中,付出代价者和承受代价者往往是不一致的,付出代价者不仅承担着较少的代价,甚至还分享着较大的收益,得到了他们不应该得到的;而代价承受者在获得相对较少的改革收益时

---

① [美]约翰·凯克斯著,应奇、葛水林译:《为保守主义辩护》,江苏人民出版社2003年版,第218页。
② [英]戴维·米勒著,应奇译:《社会正义原则》,江苏人民出版社2001年版,第146页。

却承担着较大的代价，没有得到他们应得的。这种"马太效应"在社会中并不少见，显然这是有违社会公正的。

应得原则得以实现的一个前提条件是制度。在米勒看来，在许多情况下，业绩之所以具有这种构成应得的基础的资格只是因为存在着相关的制度。他认为，在缺乏必要的制度时，就不可能存在据称是人们应得的许多利益。他举了一个例子：正是因为有了奥林匹克比赛，运动员才有可能因为他们的成绩而获得应得的奖章；反之，则不可能。你可以拥有一个跑道，可以规定自己多长时间跑完，但是如果不是参加比赛，你就无法获得任何运动奖章。同样，在是否应该承担代价时，也必须有某些制度作为保障。如前面提到的问责制，只有存在问责制，我们才能根据标准来测定某人或组织在改革中应该承担多少代价。对于改革者来说，失责（事实）是应得的基础，在这种事实的基础上，改革者应当承担某种程度的代价。但是，存在的前提条件是，不仅应该存在制度，而且制度应该是得体的，是合理且合法的，为社会中的公众所能接受，只有在这种制度之下的应得才是符合正义的。因此，这里的应得原则指的是在"公正制度之下"的应得。

但是值得注意的是，应得得以实现的一个前提条件是制度，对应得概念本身来说，它却是一个前制度的概念。米勒认为，应得事实上是一个批判性的概念，当我们说"他应得这个"或"她不应得那个"时，我们恰恰是在对我们的制度在特定的场合或一般的场合分配利益的方式提出挑战。

四、补偿原则

补偿的观点是一种源自侵权行为的公平原则：如果我损害了你的财产，为了让你不受损失，我必须补偿你，使你保持在——如果没有我的侵害行为的话——原来的无差异曲线上。这就是为什么它是一种回顾性的（backward looking)，或者用诺齐克的话讲，"历史性的"标准。[①] 补偿往往是一种回顾性、事后的补偿。事实上，补偿原则同样也是一条公正原则，是一种矫正的正义，目的在于恢复公平，纠正不公正行为，从而使失者复得，使损者获益，对历史的不公正及其后果所作出补救。

为什么要进行补偿？斯金纳在其《超越自由与尊严》一书中谈到技术在促进人类社会发展的同时，也在酿造与日俱增的灾祸，他引用达林顿（C. D. Darlington）的话说："每一种新资源的开发都能增加人类在地球上的力量，但同时也损害了人类子孙后代的美好前景。人类一切的进步都以自身环境遭到破坏为代价，对于这种破坏，人类既无法补救，也无法预见。"[②] 但是，斯金纳又说道："无论人能否预见此种破坏，他都必须设法对此加以补救，否则一切都将付之东流。"[③] 既然破坏是无法预见的，那么事后的补救就非常重要了。具体来说，对教育改革中承受了不可避免代价的群体作出补偿的主要理由在于：一是社会公正与教育公正的要求。教育改革的代价本质上是一种侵害，侵害了某一部分人的教育利益，而对他们进行补偿正是对这种教育不平等的补救，是达到事实上教育平等的一种可能途径；二是社会和教育可持续发展的要求。根据管理学中"木桶理论"和系统论中的系统功能理论，系统的功能取决于系统中功能最弱的环节。如果一个社会中处于弱势地位的群体的处境越来越差，特别是教育处境，这将影响到一个社会的和谐发展，以及一个国家在世界中的竞争力，从而在倒退的路上越走越远。

补偿的前提是什么？补偿的一个前提是侵害是无法避免的，也就是说代价是无可避免的。那么，什么时候可以有侵害？这种侵害应该是改革者对可行方案的可能后果进行了充分的预测之后仍无法避免的，由此付出的代价则

---

① ［美］伊安·夏皮罗著，姚建华、宋国友译：《政治的道德基础》，上海三联书店2006年版，第151页。

②③ ［美］B. F. 斯金纳著，陈维纲、王映桥、栗爱平译：《超越自由与尊严》，贵州人民出版社1990年版，第1~2页。

是可容忍的。

补偿谁？从理论上说，谁的权益在教育改革中受到了损害，谁就应当得到补偿。但在现实中，某些群体由于历史的、社会的以及自身的因素而处于社会的不利位置，例如美国的黑人、西班牙裔等群体。这些群体的不利并非由教育改革造成，但为了社会文明的整体发展，他们无疑也应该得到补偿，教育改革应该致力于提高他们的整体受教育程度。在美国、英国开展的补偿教育（compensatory education）的主要目标即在于让儿童从尽可能早的年龄就获得一种可以与学校系统内的"优势或特权"学生群体竞争的教育。[①]

由谁来补偿？也就是说，对那些在教育改革中承担了与其收益不相匹配代价的人群，谁应该来补偿他们。我们认为，补偿主体主要有两类：一是政府，政府在补偿中所发挥的作用是第一位的。在教育改革中，政府往往出于社会的整体利益，制定了一些具有倾斜性的教育政策，如我国的重点制是造成今天我国学校之间不均衡发展、"择校"等教育不公平现象的一个重要的制度原因。一个政府，在教育资源有限的情况下，以社会的整体利益为制定制度的基点，具有一定的合理性。但是，对于历史所造成的不平等，政府应该在教育的整体情况有较大改善之后，对那些做出牺牲的地区、学校或人群进行补偿。政府在分配教育资源时要适当进行弱势倾斜，实行对弱势群体的"优先扶持"，对历史造成的不公正，通过恰当的方式予以补偿，以历史主义的态度和现实合理的方式来处理历史的原因所造成的不公正后果。教育是一项公益事业，在基础教育阶段，教育的公益性尤为明显，如果政府都不考虑教育公平，那么我们更不可能指望市场来实现公平。长此以往，教育的公平也就无法实现了。一些国家采取补偿教育来扶持落后地区教育，促进教育公平，例如在韩国，其义务教育免费制度采取的是"农村包围城市"，从1954

[①] D. C. Morton & D. R. Waston. 1971. Compensatory Education and Contemporary Liberalism in the Unites States: A Sociological View. *International Review of Education*. Volume 17, Number 3.

年开始,率先从农村、渔村、岛屿等条件不利的地区实行免费教育,继而向城市扩展。韩国这种扶持不利群体的做法,体现了教育公平,也为教育均衡发展提供了保障;美国通过制定相关法令,如布什政府颁布的《不让一个儿童落后》(No Child Left Behind,简称 NCLB)的法令,采取一些适当倾向那些贫困(poor)、少数民族(minority)和低成就(low-achieving)学生比较集中的学校的措施,主要有吸引优秀教师和校长进入那些学校,使那些学校的学生获得学习具有挑战性学术课程的机会等等,来缩小学生之间的成绩差距。[1] 的确,任何一个国家都或多或少存在着教育发展不平衡的现象,关键是看政府采取什么行动来扭转这种不平衡。如果政府不采取"弱势补偿"的政策,单靠学校自身的发展,教育发展不均衡的现象只会越来越严重。

第二类补偿主体在某一时期的教育改革获利较多者。获利较多者同样必须给获利较少者或承担代价较多者给予补偿。为什么呢?王海明认为,基于基本的权利,每个人一生下来就都是社会的一个股东,社会是由人们共同缔造、创建的。获利较多者比获利较少者较多地利用了双方共同创造的资源:"社会"、"社会合作"。据此,他认为,获利越少者对共同资源"社会合作"的利用往往便越少,因而所得的补偿权利便应该越多;获利最少者对"社会合作"的利用往往便最少,因而便应该得到最多的补偿权利。[2] 在教育改革中,依靠国家的倾斜政策而获得优先发展的地区或群体没有理由认为自己所获得的一切是理所当然的,他们过多地占用了教育资源,甚至包括本来属于做出牺牲的弱势群体的教育资源。因此,获得优先发展的地区或群体同样要对承担改革代价的地区或群体做出补偿,例如实行教师轮换、教师支教,为教育水平落后地区提供优质的师资。

如何补偿?依据什么标准来进行补偿?万俊人提出了普遍伦理正义原则

---

[1] Cynthia D. Prince. 2004. *Changing Polices to Close the Achievement Gap*. Scarecrow Education. p13～30.

[2] 王海明:《新伦理学》,商务印书馆 2001 年版,第 356 页。

(I)：普遍公平的对待原则。其具体规定有二：(Ia)：分配正义：权利与义务对等分配；(Ib)：补偿正义：道德与价值的恰当平衡。他认为，(Ia)是一种普遍目的论和普遍道义论的平衡综合原则，它要求的是权利享受与义务承担的对等，这是普遍公平对待的基础。没有这一原则，普遍的公平对待是不可想象的。原则(Ib)实则是一种道德现实主义和历史主义的原则，它强调的是以现实的也是历史主义的态度，来审视不公平的历史结果，并以恰当的方式校正之。在这里，所谓"恰当的方式"，也就是现实合理的方式。它一方面要求人们正视现实，理性地判断和解决历史结果的不公正问题；另一方面又要求人们正视历史，以现实合理的态度处理既定的不公正问题。我们不能把补偿历史的不公正结果的补偿正义原则，理解为纯经济学意义上的市场交换原则。而且实际上，历史的不公正结果也常常是难以计量的，补偿的方式也不可能只是实质性价值的。在很大程度上，公平补偿的道义意义要远远大于劳动价值补偿的目的意义。① 由于补偿往往是一种事后行为，因此，对于补偿应持有一种历史主义与现实主义相结合的态度。另外，补偿更多的是出于一种道义的责任，而非经济的考量。

对于补偿，人们应该依据一个标准，德沃金认为，这个标准是通过我们思索"平均地看来，人们是否能得到和得到多少针对某些困难、伤残或是先天的资质上的缺陷的保险"而形成的。② 但遗憾的是，德沃金并未指出这个标准到底是什么。在教育改革中，何人应该接受补偿、如何补偿、补偿多少等的确应该有所顾及。在笔者看来，接受补偿者无疑是那些享受较少改革收益而付出较大代价的个体或群体，或者原本就处于弱势地位的群体。补偿的方式是多样的，具体的补偿方式应视具体的损害而定，例如，高校扩招带来的一个直接后果是接受高等教育的成本大幅提高，为了使那些无力支付高额学

---

① 万俊人：《寻求普世伦理》，商务印书馆2001年版，第430页。
② ［美］伊安·夏皮罗著，姚建华、宋国友译：《政治的道德基础》，上海三联书店2006年版，第170页。

费的贫困生不会因缺钱而上不起大学，有关部门就应采取多种渠道（包括完善助学金、助学贷款制度，鼓励民间建立慈善性质的基金会组织等）为他们筹措学费、生活费等，使所有的人（无论贫富）都能从高校扩招中获益。补偿的内容既可体现为一定的物质，如教育资源适当向付出代价者或弱势群体倾斜，也可体现为无形的东西，如机会等。补偿原则应建立在差异原则之上，承认差异，照顾差异，依据客观的差异和后天造成的差异进行补偿。对那些在教育改革中利益受损者以及弱势群体进行补偿，减少这些群体在接受教育方面所遭受的不公正待遇，无疑会增进社会的公正与和谐。

但是，我们也要认识到，补偿是有一定限度的。有时候并非所有的损害都是可以补偿的，夏皮罗就认为："任何程度的补偿有时都会不足以来平均一种能力缺失，例如失明。"[1] 如果"为了使他们两人的资源平等，那么国家可以强行从那个健全人那里移植一只眼睛给失明的人，或者干脆弄瞎那个视力正常的人"。这不是很荒唐吗？当然，有人会说，拿失明来和教育中的损害比是否不太恰当？的确，在教育改革中，教育不公平在很大程度上不会造成人的身体的伤害，以至于人们对不公平现象变得麻木了。但是，由于没有享受基本的教育权利，没能享受由于接受教育而带来生活质量的提高，从而导致幸福感提升，这无异于精神上的"失明"。精神上的"失明"难道不可怕吗？对于教育改革中承担过多代价的群体或个人必须有所补偿，但又要考虑到补偿的限度。正是因为并不是所有的教育改革代价都可以补偿，教育改革者更应该对教育改革抱有一种审慎的态度，增强尽量避免、减少付出代价的意识，对教育改革具有高度的责任心。

---

[1] ［美］伊安·夏皮罗著，姚建华、宋国友译：《政治的道德基础》，上海三联书店2006年版，第170页。

结语　树立正确的教育改革代价观

教育改革作为一项人为的社会实践活动，不可避免要付出代价。不管所付出的代价是必然的还是或然的，对人们来说，它总归是一个负面的东西。因此，如何认识、如何对待教育改革所要付出的代价就是我们不得不面对的一个重要问题。但现实中，教育改革代价问题并没有得到应有的重视，人们往往乐意看到并承认改革的成绩，而不愿面对改革中的代价问题，社会存在着对代价的忽视、漠视以及误解与利用等种种态度。

教育的发展总是通过不断的改革来进行，但我们必须认识到，改革是一把"双刃剑"，它在改进、完善教育，推动教育发展的同时，也会产生一些代价。教育改革仍然在不断进行之中，树立正确的教育改革代价观能够使教育改革者对改革的复杂性具有更全面的认识。本书认为，树立正确的教育改革代价观主要涉及以下三个问题。

一、教育改革者应承认代价具有客观必然性

人的行动是不可预期的，因为行动具有随机性、偶然性，隐含着危险性，这也导致了行动结果的不可控制性。此外，也由于其他种种原因，人们的行

动总是要付出或大或小的代价。教育改革是一项人为的社会实践活动，由于种种主客观原因，其必然要付出这种或那种代价，教育改革的历史就是不断付出代价的历史。因此，树立正确的教育改革代价观要求教育改革者首先要承认代价是客观存在的，承认代价总是伴随着改革；其次，教育改革者应具备一定的代价意识，不仅要考虑改革可能带来的收益，也要考虑改革所付出的代价，权衡改革的可能收益与可能代价之间的关系，不能盲目地跟风，为了改革而改革。

二、并非任何代价都是教育改革的代价

虽然教育改革不可避免要付出代价，但值得注意的是，并非教育中存在的所有的消极后果、负面效应都是教育改革的代价。教育改革的代价必然是改革本身所带来的，是改革的"副产品"。具体地说，就是在改革过程中，由某项改革措施本身或其实施所导致的消极后果。现实中，有些改革者认为既然任何改革都要付出代价，都要交学费，那么改革所产生的任何代价都是必然的。所谓的"学费论"只不过是在为个人的失误寻找"托辞"，这种将教育改革随意化的态度是我们要反对的。

三、采取有效措施消除或然性代价，减少必然性代价

如果一概而论谈论消除教育改革的代价，这是不切实际的。正如前面所言，教育改革代价具有不可避免性。从总体上说，教育改革代价具有不可避免性，但并不意味着所有的代价都是必然要产生的，对教育改革的代价要做具体的区分。或然性代价通过采取某些有效措施是可以避免的；对于必然性代价，我们能做的只是尽量减少，而不是消除，这是区别于或然性代价之处。有时为了取得更大的价值，实现更高的目标，我们甚至会主动付出一些代价。不管是无法避免的必然性代价，还是我们主动付出的代价，同样需要采取各种有效途径尽量减少代价的产生，用最小的代价来换取最大的改革收益。

"教育改革代价"是一个值得研究的问题，也是一个比较复杂的问题，涉及的学科比较多。限于各种主客观原因，本研究只不过是一个初步的探索，全面的、系统的、深入的研究还有待日后的努力。

参考文献

著作类：

中文部分：

1. 《列宁全集》第 24 卷，人民出版社 1957 年版。
2. 《马克思恩格斯全集》第 3 卷，人民出版社 1972 年版。
3. [德] 奥特弗利德·赫费著，邓安庆、朱更生译：《作为现代化之代价的道德》，上海世纪出版集团 2005 年版。
4. [德] 马克斯·韦伯著，顾忠华译：《社会学的基本概念》，广西师范大学出版社 2005 年版。
5. [德] 马克斯·韦伯著，钱永祥等译：《学术与政治》，广西师范大学出版社 2004 年版。
6. [德] 乌尔里希·贝克著，何博闻译：《风险社会》，南京：译林出版社 2004 年版。
7. [德] 伊曼努尔·康德著，韩水法译：《实践理性批判》，商务印书馆 1999 年版。
8. [德] 伊曼努尔·康德著，苗力田译：《道德形而上学原理》，上海人民出版社 1986 年版。
9. [法] 埃德加·莫兰著，陈一壮译：《复杂性理论与教育问题》，北京大学出版社 2004 年版。

10. [法] 埃德加·莫兰著,秦海鹰译:《方法:思想观念》,北京大学出版社 2002 年版。
11. [法] 米歇尔·克罗齐埃著,程小林等译:《论法国变革之路——法令改变不了社会》,上海译文出版社 1986 年版。
12. [法] 佩鲁著,张宁、丰子义译:《新发展观》,华夏出版社 1987 年版。
13. [法] 皮埃尔·布迪厄 [美] 华康德著,李猛、李康译:《实践与反思——反思社会学导引》,中央编译出版社 2004 年版。
14. [古希腊] 亚里士多德著:《尼各马可伦理学》,商务印书馆 2003 年版。
15. [加] 迈克尔·富兰著,赵中建等译:《教育变革新意义》,教育科学出版社 2005 年版。
16. [加] 迈克尔·富兰著,中央教育科学研究所、加拿大多伦多国际学院组织翻译:《变革的力量——透视教育改革》,教育科学出版社 2000 年版。
17. [捷] 夸美纽斯著,傅任敢译:《大教学论》,教育科学出版社 1999 年版。
18. [美] D.P. 约翰逊著,南开大学社会学系译:《社会学理论》,国际文化出版公司 1988 年版。
19. [美] B.F. 斯金纳著,陈维纲、王映桥、栗爱平译:《超越自由与尊严》,贵州人民出版社 1990 年版。
20. [美] R. 麦克法夸尔,费正清编:《剑桥中华人民共和国史——中国革命内部的革命(1966~1982)》,中国社会科学出版社 1998 年版。
21. [美] S. 鲍尔斯,H. 金蒂斯著,王佩雄等译:《美国:经济生活与教育改革》,上海教育出版社 1990 年版。
22. [美] 阿尔温·托夫勒著,任小明译:《未来的震荡》,四川人民出版社 1985 年版。
23. [美] 阿尔温·托夫勒著,朱志焱等译:《第三次浪潮》,三联书店 1984 年版。
24. [美] 艾伦·布坎南著,廖申白、谢大京译:《伦理学、效率与市场》,中国社会科学出版社 1991 年版。
25. [美] 安东尼·唐斯著,姚洋等译:《民主的经济理论》,上海世纪出版集团 2005 年版。
26. [美] 彼彻姆著,雷克勤等译:《哲学的伦理学》,中国社会科学出版社 1990 年版。
27. [美] 菲利克斯·A. 尼格罗,劳埃德·G. 尼格罗著,郭晓来等译:《公共行政学简明教程》，中共中央党校出版社1997年版。

28. [美] 亨利·M. 莱文，帕特里克·J. 麦克尤恩著，金志农、孙长青、史昱等译：《成本决定效益——成本—效益分析方法和应用》，中国林业出版社、北京希望电子出版社2006年版。

29. [美] 吉尔伯特·罗兹曼主编，"比较现代化"课题组译：《中国的现代化》，江苏人民出版社1995年版。

30. [美] 吉纳. E. 霍尔，雪莱. M. 霍德著，吴晓玲译：《实施变革：模式、原则与困境》，浙江教育出版社2004年版。

31. [美] 罗兰·斯特龙伯格著，刘北成、赵国新译：《西方现代思想史》，中央编译出版社2005年版。

32. [美] 迈克尔·W. 阿普尔著，黄忠敬译：《意识形态与课程》，华东师范大学出版社2001年版。

33. [美] 特里·L. 库珀著，张秀琴译：《行政伦理学：实现行政责任的途径》，中国人民大学出版社2001年版。

34. [美] 韦恩·K. 霍伊，塞西尔·G. 米斯克尔著，范国睿主译：《教育管理学：理论·研究·实践》，教育科学出版社2007年版。

35. [美] 希尔斯著，傅铿、吕乐译：《论传统》，上海人民出版社1991年版。

36. [美] 夏普、雷吉斯特、格里米斯著，郭庆旺、应惟伟译：《社会问题经济学》，中国人民大学出版社2000年版。

37. [美] 伊安·夏皮罗著，姚建华、宋国友译：《政治的道德基础》，上海三联书店2006年版。

38. [美] 伊曼纽尔·沃勒斯坦著，王昺等译：《知识的不确定性》，山东大学出版社2006年版。

39. [美] 约翰·凯克斯著，应奇、葛水林译：《为保守主义辩护》，江苏人民出版社2003年版。

40. [美] 约翰·罗尔斯著，何怀宏、何包钢、廖申白译：《正义论》，中国社会科学出版社1988年版。

41. [美] 詹姆斯·W. 费斯勒，唐纳德·F. 凯特尔著，陈振明、朱芳芳等校译：《行政过程的政治——公共行政学新论》，中国人民大学出版社 2002 年版。

42. [美] 詹姆斯·博曼著，黄相怀译：《公共协商：多元主义、复杂性和民主》，中央编译出版社 2006 年版。

43. [美] 詹姆斯·林著，黄长全译：《企业全面风险管理——从激励到控制》，中国金融出版社 2006 年版。

44. [日] 香山健一著，刘晓民译：《为了自由的教育改革——从划一主义到多样化的选择》，高等教育出版社 1990 年版。

45. [英] 米切尔·黑尧著，赵成根译：《现代国家的政策过程》，中国青年出版社 2004 年版。

46. [英] H. P. 里克曼著，姚休等译：《理性的探险——哲学在社会学中的应用》，商务印书馆 2006 年版。

47. [英] 爱德华·卡尔著，陈恒译：《历史是什么》，商务印书馆 1981 年版。

48. [英] 安东尼·吉登斯著，田禾译：《现代性的后果》，南京：译林出版社 2000 年版。

49. [英] 戴维·米勒著，应奇译：《社会正义原则》，江苏人民出版社 2001 年版。

50. [英] 伦纳德·霍布豪斯著，孔兆政译：《社会正义要素》，吉林人民出版社 2006 年版。

51. [英] 迈克尔·C. 杰克逊著，高飞、李萌译：《系统思考——适于管理者的创造性整体论》，中国人民大学出版社 2005 年版。

52. [英] 沛西·能著，王承绪、赵端瑛译：《教育原理》，人民教育出版社 1992 年版。

53. [加] 莱文著，项贤明、洪成文译：《教育改革——从启动到成果》，教育科学出版社 2004 年版。

54. [美] C. 尼古拉斯·泰勒等著，葛道顺译：《社会评估：理论、过程与技术》，重庆大学出版社 2009 年版。

55. [美] C. 赖特·米尔斯著，陈强、张永强译：《社会学的想象力》，生活·读书·新知三联书店 2005 年版。

56. 安方明主编：《社会转型与教育变革——俄罗斯历次重大教育改革研究》，社会科学文献出版社 2006 年版。

57. [英] 芭芭拉·亚当，乌尔里希·贝克，约斯特·房·龙编著：《风险社会及其超越：

社会理论的关键议题》，北京出版社 2005 年版。

58. 陈芬著：《科技理性的价值审视》，中国社会科学出版社 2004 年版。
59. 陈家刚选编：《协商民主》，上海三联书店 2004 年版。
60. 程介明著：《中国教育改革——进展·局限·趋势》，香港商务印书馆 1992 年版。
61. 丁钢主编：《中国教育：研究与评论》，第 4 辑，教育科学出版社 2003 年版。
62. 菲利浦·孔布斯著，赵宝恒、李环译：《世界教育危机》，人民教育出版社 1990 年版。
63. 傅维利、刘民著：《文化变迁与教育发展》，四川教育出版社 1988 年版。
64. 何东昌主编：《中华人民共和国重要教育文献（1976～1990）》，海南出版社 1998 年版。
65. 何文炯主编：《风险管理》，中国财政经济出版社 2005 年版。
66. 胡定荣：《课程改革的文化研究》，教育科学出版社 2005 年版。
67. 黄显华、霍秉坤著：《寻找课程论和教科书设计的理论基础》，人民教育出版社 2002 年版。
68. 江山野主编：《中国教育事典》（初等教育卷），河北教育出版社 1994 年版。
69. 金太军、钱再见、张方华、李雪卿著：《公共政策执行梗阻与消解》，广东人民出版社 2005 年版。
70. 金铁宽主编：《中华人民共和国教育大事记 1949～1993》，山东教育出版社 1995 年版。
71. 靳希斌主编：《市场经济大潮下的教育改革》，广东教育出版社 1998 年版。
72. 瞿葆奎主编，陈桂生等选编：《教育与社会发展》，人民教育出版社 1989 年版。
73. 瞿葆奎主编：《国际教育展望》，人民教育出版社 1993 年版。
74. 瞿葆奎主编：《教育目的》，人民教育出版社 1989 年版。
75. 瞿葆奎主编：《教育与人的发展》，人民教育出版社 1989 年版。
76. 赖德胜著：《教育与收入分配》，北京师范大学出版社 2001 年版。
77. 雷克斯·吉普森著，吴根明译：《批判理论与教育》，台湾：师大书苑股份有限公司 1988 年版。
78. 李承先著：《高等教育发展代价论》，学林出版社 2009 年版。
79. 李钢著：《社会转型代价论》，山西教育出版社 1999 年版。
80. 娄立志著：《社会转型与教育代价》，中国社会科学出版社 2012 年版。

81. 厉以贤主编：《西方教育社会学文选》，台湾五南图书出版公司 1992 年版。
82. 联合国教科文组织国际教育发展委员会编著，华东师范大学比较教育研究所译：《学会生存——教育世界的今天和明天》，教育科学出版社 1996 年版。
83. 梁漱溟著：《东西文化及其哲学》，商务印书馆 2003 年版。
84. 廖其发主编：《当代中国重大教育改革事件专题研究》，重庆出版社 2007 年版。
85. 刘琅、桂苓主编：《大学的精神》，中国友谊出版公司 2004 年版。
86. 刘精明著：《国家、社会阶层与教育——教育获得的社会学研究》，中国人民大学出版社 2005 年版。
87. 娄立志著：《教育主导价值论》，山东电子音像出版社 2002 年版。
88. [美] 罗杰·J. 奥恩，特里·E. 巴斯著，沈崇麟译：《科学决策方法——从社会科学研究到政策分析》，重庆大学出版社 2006 年版。
89. 马凤岐著：《教育政治学》，人民教育出版社 2003 年版。
90. [美] 彼得·罗希等著，邱泽奇等译：《评估：方法与技术》，重庆大学出版社 2007 年版。
91. 上海市教育科学研究院智力开发研究所：《新时期中国教育发展研究 1983～2005》，上海社会科学院出版社 2006 年版。
92. 唐宜荣著：《责任与行动——中国城市反贫困责任伦理问题研究》，湖南人民出版社 2005 年版。
93. 田光远著：《科学与人的问题——论约翰·杜威的科学观及其意义》，复旦大学出版社 2006 年版。
94. 万俊人著：《寻求普世伦理》，商务印书馆 2001 年版。
95. 王海明著：《新伦理学》，商务印书馆 2001 年版。
96. 王宗敏、张武升著：《教育改革论》，河南教育出版社 1991 年版。
97. 吴忠魁、张俊洪著：《教育变革的理论模式》，四川教育出版社 1988 年版。
98. 夏再兴著：《中国"教育过度"问题研究》，人民出版社 2005 年版。
99. 夏甄陶著：《认识论引论》，人民出版社 1986 年版。
100. 杨东平著：《中国教育公平的理想与现实》，北京大学出版社 2006 年版。
101. 杨善华、谢立中主编：《西方社会学理论（上卷）》，北京大学出版社 2005 年版。

102. 杨小微著：《转型与变革——中小学改革与发展的方法论》，湖北教育出版社 2004 年版。
103. 杨雪冬等著：《风险社会与秩序重建》，社会科学文献出版社 2006 年版。
104. 杨玉厚主编：《中国课程变革研究》，陕西人民教育出版社 1993 年版。
105. 姚洋主编：《转轨中国：审视社会公正和平等》，中国人民大学出版社 2004 年版。
106. 叶澜著：《新基础教育论——关于当代中国学校变革的探究与认识》，教育科学出版社 2006 年版。
107. 余秀兰著：《中国教育的城乡差异——一种文化再生产现象的分析》，教育科学出版社 2004 年版。
108. 袁吉富等著：《社会发展的代价》，北京大学出版社 2004 年版。
109. 袁振国主编：《中国教育政策评论》，教育科学出版社 2000 年版。
110. 袁振国著：《教育改革论》，江苏教育出版社 1992 年版。
111. 张彩江著：《复杂系统决策理论》，广东人民出版社 2006 年版。
112. 张焕庭选编：《西方资产阶级教育论著选》，人民教育出版社 1993 年版。
113. 张人杰主编：《国外教育社会学基本文选》，华东师范大学出版社 1991 年版。
114. 郑杭生著：《中国特色社会学理论的探索》，中国人民大学出版社 2005 年版。
115. 郑金洲著：《教育文化学》，人民教育出版社 2000 年版。
116. 郑新蓉著：《现代教育改革理性批判》，人民教育出版社 2003 年版。
117. 郑也夫著：《代价论——一个社会学的新视角》，三联书店 1994 年版。
118. 中国教育年鉴编辑部：《中国教育年鉴（1949～1981）》，中国大百科全书出版社 1984 年版。
119. 中央教育科学研究所编：《中华人民共和国教育大事记（1949～1982）》，教育科学出版社 1984 年版。
120. 周显信著：《目标与代价——当代中国现代化的发展逻辑》，人民出版社 2003 年版。
121. 转型期中国重大教育政策案例研究课题组：《缩小差距——中国教育政策的重大命题》，人民教育出版社 2005 年版。

英文部分：

1. N. Luhmann. 1993. *Risk：A Sociological Theory*. Berlin：de Gruyter.
2. F. David Peat. 2001. *From Certainty to Uncertainty*. Washington，D.C.：Joseph Henry Press.
5. Patrick Duignan. 2006. *Educational Leadership：Key Challenges and Ethical Tensions*. Cambridge University Press.
6. Haim Gaziel. 1996. *Politics and Policy-Making in Israel's Education System*. Sussex Academic Press.
7. UNESCO. 1979. *Educational reforms：experiences and prospects*. Paris：Malvern Typesetting Services Ltd.
8. David Tyack & Larry Cuban. 1999. *Tinkering toward utopia*. Harvard College Press.
9. Cynthia D. Prince. 2004. *Changing Polices to Close the Achievement Gap*. Scarecrow Education.
10. David Rubinstein. 1979. *Education and Equality*. A. Wheaton and Company Ltd.
11. Douglas J. Simpson，Michael J. B. Jackson，1997. *Educational Reform：A Deweyan Perspective*. New York and London：Garland Publishing.
12. Michael Fullan，Andy Hargreaves. 1992. *Teacher Development and Educational Change*. The Falmer Press.
13. John D. McNeil. 1996. *Curriculum：A Comprehensive Introduction*. Harper Collins College Publishers.
14. Taher A. Razik，Austin D. Swanson. 2001. *Foundamental Concepts of Educational Leadership*. Prentice-Hall，Inc. Upper Saddle River，New Jersey 07458.
15. Robert Evans. 1996. *The Human Side of School Change*. The Jossey-Bass Inc.

论文类：

中文期刊：

1. 戴双翔：《当前基础教育改革的代价观》，载《校长阅刊》，2005（6）。
2. 丰子义：《关于社会发展的代价问题》，载《哲学研究》，1995（7）。

3. 冯颜利：《公正与正义》，载《道德与文明》，2002 (6)。

4. 韩庆祥：《代价论与当代中国发展》，载《中国社会科学》，2000 (3)。

5. 贺善侃：《社会发展代价的实质及支付原则》，载《学术界》，2000 (8)。

6. 黄济：《关于教育改革的几点思考》，载《教育学报》，2005 (1)。

7. 孔圣根：《谈历史进步的代价》，载《北京社会科学》，1994 (3)。

8. 李钢：《试论代价及其本质》，载《哲学研究》，1996 (3)。

9. 李家成：《追求真实的生命成长——对"新基础教育"的价值取向的体悟》，载《教育发展研究》，2003 (3)。

10. 李国强：《汉堡全民公决推翻政府的学校教育改革方案》，载《德国研究》，2010 (3)。

11. 林丹、柳海民：《渐进改革：当代中国基础教育改革路向的理性选择》，载《教育研究》，2009 (7)。

12. 刘怀玉：《马克思的"历史进步代价理论与发展问题》，载《哲学研究》，1993 (6)。

13. 龙柏林：《关于代价的哲学思考》，载《党政干部论坛》，2000 (6)。

14. 鲁明：《简论代价的种类及根源》，载《哲学研究》，1996 (3)。

15. 吕艳丽：《农村教育卸责问题初探》，载《教育研究与实验》，2007 (3)。

16. 罗元：《代价问题探索》，载《思想战线》，1988 (3)。

17. 马健生：《论教育改革过程中的利益冲突》，载《教育科学》，2002 (4)。

18. 毛国芳：《社会代价的历史成因》，载《华中农业大学学报（社会科学版）》，2001 (2)。

19. 石中英：《教育公正与正义理论》，载《现代教育论丛》，2001 (2)。

20. 孙天华、张济洲：《课程改革的代价论思考》，载《内蒙古师范大学学报》（教育科学版），2006 (4)。

21. 孙天华、张济洲：《课程改革的代价意识》，载《中小学教师培训》，2006 (3)。

22. 王明进、岳昌君：《个人教育投资风险的计量分析》，载《北京大学教育评论》，2007 (2)。

23. 王淑娟：《对美国教育语境中问责涵义的考察》，载《比较教育研究》，2007 (2)。

24. 王万俊：《略析教育变革理论中的变革、改革、革新和革命四概念》，载《教育理论与实践》，1998 (1)。

25. 吴康宁：《价值的定位与架构：课程目标的一种社会学释义》，载《教育科学》，2000 (4)。
26. 吴康宁：《谁支持改革——兼论教育改革的社会基础》，载《教育研究与实验》，2007 (6)。
27. 许宝强：《发展主义的迷思》，载《读书》，1999 (7)。
28. 阎光才：《教育的功能、功用到功效——20 世纪西方公共教育政策价值取向的演进逻辑》，载《比较教育研究》，2002 (3)。
29. 阎光才：《教育是生命意识——由荒野文化与园艺文化的悖论谈起》，《清华大学教育研究》，2002 (12)。
30. 杨爱玲：《基础教育课程改革存在缺憾的原因反思》，载《教育学报》，2007 (1)。
31. 杨东平：《教育公平是一个独立的发展目标——辨析教育的公平与效率》，载《教育研究》，2004 (7)。
32. 叶澜：《当代中国教育变革的主体及其相互关系》，载《教育研究》，2006 (8)。
33. 余秀兰：《教育改革的代价》，载《教育发展研究》，2000 (10)。
34. 袁吉富：《十年来中国学术界代价理论研究概况》，载《北京行政学院学报》，2001 (1)。
35. 张春香：《韦伯伦理思想中的责任理性问题探讨》，载《江汉大学学报》（人文科学版），2006 (3)。
36. 张道全：《价值矛盾与代价——略论改革代价的成因》，载《皖西学院学报》，2005 (4)。
37. 张济洲：《课程改革的代价意识》，载《上海教育科研》，2005 (8)。
38. 张明仓：《论代价合理性的标准》，载《江汉论坛》，1996 (8)。
39. 李政涛：《教育生活中的表演》，华东师范大学 2003 届博士学位论文电子版。
40. 祁型雨：《利益表达与整合——关于教育政策的决策模式研究》，华中师范大学 2003 届博士学位论文电子版。
41. 张道全：《当代中国改革的代价研究》，南京师范大学 2005 届博士学位论文电子版。
42. 朱庆芳：《数字里的中国社会和谐度》，载《中国社会科学报》，2005-06-23。
43. 张春霖：《公平何处寻》，载《经济观察报》，2006-04-03。

英文期刊：

1. D. C. Morton & D. R. Waston. 1971. Compensatory Education and Contemporary Liberalism in the Unites States: A Sociological View. *International Review of Education*. Volume 17, Number 3.

2. M. Frances. Klein. 1994. The Toll for Curriculum Reform. *Peabody Journal of Education*, Vol 69, No. 3.

3. Jesse F. Dillard and Kristi Yuthas, 2001. A Responsibility Ethic for Audit Expert Systems. *Journal of Business Ethics* 30.

4. Heffner, Franklin Daniel, 1993. More said than done: The history of education reform in the Unites States from 1983~1993.

图书在版编目（CIP）数据

教育改革代价论/朱丽著.—福州：福建教育出版社，
2014.1
ISBN 978-7-5334-6236-9

Ⅰ.①教… Ⅱ.①朱… Ⅲ.①教育改革－研究－中国
Ⅳ.①G521

中国版本图书馆 CIP 数据核字（2013）第 210680 号

教育改革代价论

朱　丽　著

出版发行	海峡出版发行集团 福建教育出版社 （福州梦山路 27 号　邮编：350001　网址：www.fep.com.cn） 编辑部电话　0591－83779615　83726908 发行部电话　0591－83721876　87115073　010－62027445）
出 版 人	黄　旭
印　　刷	福建东南彩色印刷有限公司 （福州市金山工业区　邮编：350002）
开　　本	720 毫米×1000 毫米　1/16
印　　张	12.25
字　　数	168 千
插　　页	2
版　　次	2014 年 1 月第 1 版　2014 年 1 月第 1 次印刷
书　　号	ISBN 978-7-5334-6236-9
定　　价	28.00 元

如发现本书印装质量问题，影响阅读，
请向本社出版科（电话：0591－83726019）调换。